内閣府認定

マーケティング検定 **3** 級試験

公式問題集&解説

河野 安彦 著

はじめに

公益社団法人 日本マーケティング協会は1957年（昭和32年）、マーケティングの進歩・発展をはかることを目的に設立されました。それ以来、当協会はマーケティングの理論と技法の研究、教育、普及に努め、日本の経営の近代化と産業の発展に力を注いで参りました。

マーケティング検定は学生や社会人などを対象として、マーケティングの知識を測定する試験です。検定の合格を目指し、マーケティングの学習を深めることで、業種業界を超えて通用する知識を習得することができます。マーケティング検定を支える「マーケティング検定委員会」は、日本を代表するマーケティング専門家や教授陣で構成されています。同委員会によって作成される検定の問題は、マーケティングの各分野を理解するために重要なものばかりです。

本検定はマーケティング用語の暗記や、時事ネタ等の特有の現象を問うものではなく、「マーケティングの概念を理解しているかどうか」を問うものとなっています。このため、受験者の皆様には一定量の学習が必須となります。

本書「マーケティング検定3級試験 公式問題集＆解説」は、同検定で出題される範囲を網羅的にカバーしています。本書は問題集の形式ですが、図表を加えるなどして解説に力を入れており、巻末の索引と併せて参考書としても活用できます。また、マーケティング検定3級試験の参考図書「ベーシック・マーケティング第2版」に対応して作成されていますので、本書を用いて理解の定着を図ることをお勧め致します。

現代社会は、近年、大変にスピーディであり、また変化に富んだ動きとなっています。このように複雑化した社会では、これまでの知識が必ずしも通用するとは限りません。しかし膨大な事例を基に構築されたマーケティングの理論を習得することで、現代社会を理解し解釈するための重要な道具を得ることができ、時に、その道具によって新しい道標を得ることがあるでしょう。受験者の皆様が本検定の学習を通じて、マーケティングの概念を習得し、それぞれの分野でご活躍いただくための契機になると幸いです。

公益社団法人　日本マーケティング協会

会長　藤重　貞慶

マーケティング検定3級試験 公式問題集＆解説

目　次

マーケティング検定3級試験　実施要項

◆ **試験目的** ：　マーケティングの基礎を幅広い領域で身につけ、社会活動に役立てられるための確固たる知識の習得を目指します。マーケティングに携わる上で必須の用語や概念を十分理解し、それを基にした思考を可能とするレベルを目指します。

◆ **受験資格** ：　学歴、年齢等に制限や条件はありません。

◆ **出題問題数** ：　30問（多肢選択式）
※右ページの各領域から満遍なく出題されます。
※実際の出題形式は本問題集の出題形式を参考にして下さい。

◆ **解答時間** ：　60分

◆ **受験料** ：　6,600円（会員企業5,500円）（いずれも税込）

◆ **合格基準** ：　得点率70％以上であること。

※実施要項は、変更されることがございますので、マーケティング検定のホームページをご確認ください。　jma2-jp.org/marken/

◆ 出題範囲

マーケティング検定3級試験は、マーケティングについて幅広く理解することを踏まえ、下記の10の領域から出題されます。

1. 基本概念
2. 市場環境
3. 戦略的マーケティング
4. マーケティング・リサーチ
5. 消費者行動
6. 製品戦略
7. 価格戦略
8. コミュニケーション戦略
9. チャネル戦略
10. サービス・マーケティング

◆ 試験結果の評価

上記の10領域から、6つのセクションに組み合わせて、試験結果を評価します。試験終了後に取得できる「試験結果レポート」では、セクションごとの評価と総合的な評価を記載しており、受験者の習熟度や理解度が分かるようになっています。

セクション１：基本概念・市場環境
セクション２：戦略的マーケティング・リサーチ
セクション３：消費者行動・コミュニケーション戦略
セクション４：製品・価格戦略
セクション５：チャネル戦略
セクション６：サービス・マーケティング

本書の構成と使い方

◆本書の構成

本書はマーケティング検定3級試験の参考図書「ベーシック・マーケティング(第2版)」(同文舘出版 以下、ベーシック・マーケティング)を基に、テーマを9つに分けて構成しております。

それぞれのテーマで「問題」が出された後に、「正解」と「解説」が掲載されています。また巻末には、マーケティングの用語を把握するための索引があります。

◆本書の使い方

それぞれのテーマでは、問題のあとに正解と解説が続く構成になっていますので、答え合わせをする際には、解説をよく読んで内容を理解してください。

正解と解説には赤字で示した用語があります。この用語はマーケティングに触れる上で習得するべきものです。巻末に索引を掲載していますので、随時参考にし、用語の意味を理解してください。

正解と解説のページには、問題番号の横にカッコで示したページ数があります。これは参考図書「ベーシック・マーケティング(第2版)」の掲載ページとなります。「ベーシック・マーケティング(第2版)」を基に学習されている方は、掲載ページを参照しながら、内容を復習するようにしてください(☆の付いている問題は、「ベーシック・マーケティング(第2版)」に掲載されていない内容を含んでいます)。

解説のなかには、文中に下線が引かれている箇所があります。これは学習者が間違えやすい部分です。注意しながら学習を進めてください。

※本書内の図表中について、特に引用元が記載されていない場合は「ベーシック・マーケティング(第2版)」、「ベーシック・マーケティング―理論から実践まで」からの引用、または一部修正したものを掲載しています。

テーマ ①
マーケティングの基本概念／市場環境

マーケティング発想に基づいた組織は、常に顧客ニーズを念頭に置きながら事業を展開します。そのため、マーケティングは企業目線の「売り込む方法」から脱却し、顧客視点に基づいた「売れる仕組み作り」とも言われます。テーマ①ではSTPや4Pなどの重要なマーケティングの基本概念を学習します。

【問題 1】 マーケティング・コンセプト

優れた技術力による製品で活路を見出そうとするビジネス理念は「製品コンセプト」と呼ばれる。一方、「マーケティング・コンセプト」は、（_____）を出発点としてビジネス展開される。カッコに入る言葉を以下のア～エの中から選びなさい。

　　ア．生産現場
　　イ．製品改良
　　ウ．顧客ニーズ
　　エ．専門家の意見

【問題 2】 STP

STP とは、Segmentation（セグメンテーション）、Targeting（ターゲティング）、Positioning（ポジショニング）を略したものである。

このうち、Segmentation（セグメンテーション）の基準となる変数のうち、人口統計的変数の例として適切なものを、以下のア～エの中から選びなさい。

　　ア．人口密度
　　イ．年齢
　　ウ．ライフスタイル
　　エ．使用頻度

【問題　3】　セグメンテーション

STPのうち、Segmentation（セグメンテーション）の基準となる4つの変数の組み合わせとして誤っているものを、以下のア～エの中から選びなさい。

- ア．地理的変数 ― 人口密度
- イ．人口統計的変数 ― 職業
- ウ．サイコグラフィック変数 ― ライフスタイル
- エ．行動上の変数 ― パーソナリティ

【問題　4】　ターゲティング

STPのうち、Targeting（ターゲティング）の説明として正しいものを、以下のア～エの中から選びなさい。

- ア．市場細分化した後は、細分化した全てのセグメントをターゲティングしなければならない。
- イ．ターゲティングとは自社の資源をどこに集中して投入するべきかを決定する作業である。
- ウ．集中型マーケティングでは複数のセグメントをマーケティングの対象として選択する。
- エ．差別型マーケティングではセグメントの対象を一つに絞り込む。

【問題　5】　ポジショニング

STP のうち、Positioning（ポジショニング）の説明として正しいものを、以下のア〜エの中から選びなさい。

ア．ポジショニングとは、顧客のマインドに対して働きかける方策と考えるべきである。

イ．ポジショニングは、製品が設計され、完成した後に検討するべきである。

ウ．ポジショニングで決められるブランドの位置づけは、相対的なものというよりも絶対的なものである。

エ．ポジショニングでは顧客の感覚よりも、製品の特徴の方が重要となる。

【問題　6】　ポジショニングの切り口

STP における Positioning（ポジショニング）の切り口が有効であるためには、少なくとも 3 つの条件を備えている必要がある。その条件として誤っているものを、以下のア〜エの中から選びなさい。

ア．優越性

イ．独自性

ウ．確実性

エ．重要性

【問題　7】　マーケティング・ミックス（4P）

米国のマーケティング研究者であるジェロム・マッカーシー（McCarthy,E.J）は、企業がコントロール可能な要素を４つのＰを用いて整理した。この要素として誤っているものを、以下のア～オの中から選びなさい。

　　ア．価格（Price）
　　イ．プロモーション（Promotion）
　　ウ．製品（Product）
　　エ．流通（Place）
　　オ．利益（Profit）

【問題　8】　4P と 4C

マーケティングでは、企業がコントロール可能な要素をマーケティング・ミックス（4P）として整理する。一方、4P を顧客側からの視点で置き換えたものは4C として整理される。4P と 4C の組み合わせとして誤っているものを、以下のア～エの中から選びなさい。

　　ア．製品（Product）⇔　顧客ソリューション（Customer Solution）
　　イ．価格（Price）⇔　顧客コスト（Customer Cost）
　　ウ．流通（Place）⇔　到達範囲（Coverage）
　　エ．プロモーション（Promotion）⇔　コミュニケーション（Communication）

【問題 9】 マーケティング・マネジメント

マーケティング・マネジメントにおいて重要なものは、2つの意味での適合性と言われる。そのうち1つは「標的市場（顧客）のニーズや行動」と「マーケティング・ミックスの諸要素」の適合性である。もう1つの適合性はどれか。以下のア～エの中から正しいものを1つ選びなさい。

　　ア．マーケティング・ミックスの諸要素間の適合性
　　イ．ポジショニング間の適合性
　　ウ．ターゲット間の適合性
　　エ．セグメント間の適合性

【問題 10】 企業を取り巻くマクロ環境の要因

マーケティング活動の成否に影響を与える「環境」のうち、企業を取り巻くマクロ環境の要因として誤っているものを、以下のア～オの中から選びなさい。

　　ア．企業のマーケティング活動の規制や成否に影響を与える法律や条例の施行
　　イ．経済成長率や国民1人あたりのGDPの増減
　　ウ．高齢化社会の到来、家族形態や家族関係の変化
　　エ．インターネットや携帯電話の普及
　　オ．自社の製品・サービスを脅かす存在となる代替品の出現

テーマ ① 解答

【問題　1】（P. 9）　正解　ウ

解　説

　マーケティング・コンセプトとは、組織や個人がマーケティング活動を実行する上での基本的な考え方や姿勢のことである。一方、優れた技術力による製品で活路を見出そうとするビジネス理念は製品コンセプトと呼ばれる。マーケティング・コンセプトでは顧客ニーズを出発点としてビジネスが展開され、戦略的に顧客満足が追求される。

【問題　2】（P. 14）　正解　イ

解　説

　Segmentation（セグメンテーション）とは「**市場細分化**」と呼ばれ、市場にいる人々を特定の属性に分けることである。具体的には地理的変数、人口統計的変数、サイコグラフィック変数、行動上の変数という４つの切り口で分類できる（問題３の解説を参照）。本設問は上記のうち、人口統計的変数に関するものである。人口統計的変数とは年齢、性別、所得、学歴、職業などがあり、市場細分化では最も頻繁に利用される変数である。

【問題　3】（P. 15）　正解　エ

解　説

　Segmentation（セグメンテーション）は**地理的変数、人口統計的変数、サイコグラフィック変数、行動上の変数の４つに分類**できる。本設問はこれらの変数と、具体例の組み合わせを確認したものである。パーソナリティはサイコグラフィック変数の例である（次ページ参照）。

① 地理的変数

　　地域による顧客ニーズの違いが重視される場合に活用される。（例：気候、人口密度、行政単位）

② 人口統計的変数

　　若年層や高齢者層などの消費者を特定の基準で細分化する場合に利用される。（例：年齢、性別、所得、学歴、職業）

③ サイコグラフィック変数

　　消費者のライフスタイルを基準とする場合に利用される。（例：ライフスタイル、パーソナリティ）

④ 行動上の変数

　　消費者の行動をある基準を用いて明確化する場合に利用される。特に消費者が何を求めてそのような行動を起こしているのかを判断し、洞察する際に利用される。（例：ベネフィット、使用頻度、ロイヤルティ）

【問題　4】（P.17）　正解　イ

　解　説

　市場細分化（セグメンテーション）した後は、自社の資源をどのセグメントに集中して投下するべきかを考えるために、標的となる市場（標的市場）を設定する。このことをターゲティングと呼ぶ。ターゲティングには、以下の3通りの考え方がある。

① 無差別型マーケティング

　　セグメント間の違いを超えて、共通の製品やサービスを提供する。

② 差別型マーケティング

　　複数のセグメントを取り上げ、それぞれのセグメントに対して異なる製品サービスを提供する。

③ 集中型マーケティング

　　1つもしくは少数のセグメントに絞り込んで、そのセグメントに経営資源を集中させる。

　前記のいずれの考え方を採用するかは、自社の経営資源をどのように配分するかに従って決定される。<u>必ずしも全てのセグメントをターゲティングする必要はない</u>。

【問題　5】（P. 19）　正解　ア

┃ 解 説 ┃

　ポジショニングは、ターゲットとするべき市場のセグメントが決定した後に判断される、市場での「位置」のことである。<u>ポジショニングでは製品に対して行われる方策というよりも、顧客のマインドに働きかける方策と考える</u>。ポジショニングによって決められるブランドの位置づけは、顧客が相対的に比較することで抱く知覚や感覚によって規定される。そのため、製品・サービスの位置づけよりも、顧客の感覚による位置づけが重要となる。

　一般的に、製品が設計され完成された後にポジショニングを検討することは、多くの自由度が奪われているため避けた方が良いとされている。市場における自社のポジショニングを決定した後に、製品の設計をすることが望ましい。

【問題　6】（P. 20）　正解　ウ

┃ 解 説 ┃

　ポジショニングは、どのような切り口でも良いというわけではない。ポジショニングの切り口が有効であるためには、以下の3つの条件を備えることが必要とされる。

① 重要性

　　多くの顧客に重要であると感じてもらえる切り口であること。

② 独自性

　　既存ブランドの切り口とは違う、独自の切り口であること。

③ 優越性

　　市場における競合ブランドと比較して、強みとなる特徴を有していること。

ポジショニングでは多くの切り口が考えられるが、市場における自社ブラン
ドの競争力を生み出すために、上記の条件を踏まえて検討する必要がある。

【問題 7】(P. 21) 正解 オ

解 説

　マーケティングの骨子ともいうべきマーケティング・ミックス(4P)に関す
る設問である。マーケティング・ミックスは、標的市場において目標となる成
果を実現するために、企業が顧客に対して働きかけ、操作(コントロール)で
きる要素を総称したものである。マーケティング・ミックスの要素は、以下の
4つのPで表される。

① 製品(Product)・・・企業が提供する製品に結びついた活動。
② 価格(Price)・・・・提供する製品の価格設定に結びついた活動。
③ 流通(Place)・・・・製品を顧客の手元に届けるための活動。
④ プロモーション(Promotion)・・・顧客に製品の存在を認識してもらい、購
入を促すための活動。

【問題 8】(P. 22) 正解 ウ

解 説

　マーケティングを効果的なものとするためには、全てのマーケティング・ミッ
クスの要素(4P)を適切に組み合わせる必要がある。つまり、企業側から提供
されたマーケティング・ミックスの要素はターゲットとなる顧客にフィットす
ることが求められる。企業は顧客が求める製品を適切な価格で提供し、効率よ
く届け、納得性・共感性のある情報伝達をしなければならない。このことから、
4P に対応して 4C という顧客側の視点を考えることが必要となる。
　4P と 4C は対となる考え方として、ペアで表現されることが多い。流通(Place)
には、利便性(Convenience)が対応する(図表① -1「マーケティングにおけ

る4Pと4Cのペア」を参照）。

図表①-1「マーケティングにおける4Pと4Cのペア」

企業側の視点（4P）	顧客側の視点（4C）
製品（Product）	顧客ソリューション（Customer Solution）
価格（Price）	顧客コスト（Customer Cost）
流通（Place）	利便性（Convenience）
プロモーション（Promotion）	コミュニケーション（Communication）

【問題　9】（P. 27）　正解　ア

解　説

　1960年代に定着した「マーケティング・マネジメント」は、企業のマーケティングの諸活動を統一的に計画・管理する仕組みのことである。具体的には「標的市場の設定」と「マーケティング・ミックス」の2つとなる。マーケティング・マネジメントでは、以下に示す適合性（フィット）が重要と考える。

①「標的市場（顧客）のニーズや行動」と「マーケティング・ミックスの諸要素」の適合性である。これは対象となる顧客のニーズや行動にふさわしい、マーケティング戦略を実行・計画しなければならないということである。

②「マーケティング・ミックスの4要素間」の適合性である。例えば、製品のコンセプトに相応しくない価格設定、広告・販促、流通戦略を採用したとすれば、大きな成果を期待することはできない。そのため、マーケティング・ミックスの4要素間に適合性があってはじめて、具体的な成果が見込まれるということである。

【問題　10】（P. 48）　正解　オ

解　説

　マーケティング活動の成否に影響を与える「環境」は、2つに大別される。「マクロ環境（マクロ外部環境）」と「市場環境（ミクロ外部環境）」である。「マ

クロ環境」は主として、政治環境、経済環境、社会・文化環境、技術環境の4つの要因が挙げられる。これらの4つは、マーケティング活動に影響を与えるマクロ環境の要因として、PEST 分析にも活用される（PEST 分析は、政治：Politics、経済：Economy、社会：Society、技術：Technology のそれぞれの英語の頭文字を取ったものである）。

本設問の選択肢はマクロ環境の4つの要因の具体例となっている。ア．政治環境、イ．経済環境、ウ．社会・文化環境、エ．技術環境である。オに関しては、企業が属する市場環境の具体例である。

テーマ ②
戦略的マーケティング

顧客視点の追求がマーケティングの基本的なスタンスですが、1960 年代以降、マーケティングの考え方は個々の製品やブランドのレベルを超えて、事業や企業のレベルで導入されるようになりました。

テーマ②では企業における戦略的マーケティングの代表的な環境分析や成長戦略のフレームワークを学習します。

【問題 11】 5つの競争要因

競争環境を分析するための枠組みの1つとして、マイケル・ポーター（Porter,M.）が示した5つの競争要因がある。この要因として<u>誤っているもの</u>を、以下のア〜オの中から選びなさい。

ア．既存業者の撤退
イ．売り手の交渉力
ウ．買い手の交渉力
エ．業界内の競争関係
オ．代替製品・サービスの脅威

【問題 12】 経営資源の分析（SWOT 分析）

経営資源の分析（SWOT 分析）では、自社と他社を比較して、経営資源や環境の優位性を確認する。SWOT の 4 つの英字は、 4 つの分類の頭文字（英語）から取ったものであるが、そのうちの「T」である Threat の内容に当てはまるものを、以下のア〜エの中から選びなさい。

ア．自社にとって将来の利益や成長を生み出す要因（機会）
イ．自社にとって将来の損害や障壁を生み出す要因（脅威）
ウ．他社に勝る経営資源（強み）
エ．他社に劣る経営資源（弱み）

20

【問題　13】　製品－市場マトリクス（成長マトリクス）

イゴール・アンゾフ（Ansoff,I.）の提示した製品 - 市場マトリクス（成長マトリクス）は、企業の成長の方向性を整理する枠組みとして活用される。そのマトリクスの内容として正しい組み合わせを、以下のア～オの中から選びなさい。

ア．市場浸透、製品開発、市場独占、多角化

イ．市場安定、製品開発、市場開発、差別化

ウ．市場安定、製品保護、市場開発、差別化

エ．市場浸透、製品開発、市場開発、多角化

オ．市場安定、製品保護、市場独占、多角化

【問題　14】　製品ポートフォリオ・マネジメント

ボストン・コンサルティング・グループが開発した製品ポートフォリオ・マネジメント（PPM：Product Portfolio Management）に関して記述した、以下の文章に当てはまる適切な用語の組み合わせを選びなさい。

市場成長率は高いが、相対市場シェアの低い（　①　）は、積極的な投資によって事業を拡大し、市場シェアを高める必要がある。企業の判断次第ではあるが、（　②　）の事業が生んでいるキャッシュを、しばしば（　①　）に回す。
（　③　）のポジションは、市場成長率も相対市場シェアも低い状況を意味している。

ア．①花形　　　②負け犬　　　③金のなる木

イ．①金のなる木　②花形　　　③負け犬

ウ．①問題児　　②花形　　　③負け犬

エ．①金のなる木　②問題児　　③花形

オ．①問題児　　②金のなる木　③負け犬

マイケル・ポーター（Porter,M.）は、企業が長期にわたって業界で平均以上の業績を達成するには「3つの基本戦略」があるとしている。この基本戦略に関する記述として<u>誤っているもの</u>を、以下のア～オの中から選びなさい。

　ア．コスト・リーダーシップ戦略では、低価格を持続的に維持するための仕組みが<u>重要</u>となる。

　イ．差別化戦略では模倣困難な差別化を作り出すこと、常に革新を行って差別化を持続させることが重要である。

　ウ．差別化戦略では市場シェアの大きい企業にとっては規模効果と経験効果によって、低コストを実現できる可能性が高い。

　エ．集中戦略では特定の分野でのコスト・リーダーシップを実現する「コスト集中」と「差別化集中」に分けることができる。

　オ．市場シェアの小さい企業が競争優位性を獲得し、高い収益性を得るためには、集中戦略が適切であることが多い。

【問題 16】 市場地位別の競争戦略

フィリップ・コトラー（Kotler,P.）は市場地位別の競争戦略の考え方を提示している。コトラーが示した同戦略に関する記述のうち、以下の文章に当てはまる適切な用語の組み合わせを選びなさい。

同一業界で競争する複数の企業は市場シェアと戦略上の特徴から分類することができる。リーダーは業界最大のシェアを持つ企業である。リーダーはシェア1位の立場を維持するために、（　①　）の基本戦略を採る。チャレンジャーは業界2番手または3番手に位置し、リーダーに挑戦する立場の企業である。適切な戦略は（　②　）となる。フォロワーは業界の3番手以下の地位にあり、経営資源の点でリーダーやチャレンジャーに劣る企業である。その基本戦略は（　③　）である。ニッチャーは業界全体の市場シェアは小さいが、特定の市場に強みを有する企業である。その基本戦略は（　④　）戦略である。

ア．①差別化　②模倣　③総市場規模の拡大　④集中

イ．①集中　②総市場規模の拡大　③差別化　④模倣

ウ．①総市場規模の拡大　②差別化　③模倣　④集中

エ．①模倣　②集中　③差別化　④総市場規模の拡大

オ．①総市場規模の拡大　②模倣　③差別化　④集中

【問題　11】（P. 52）　正解　ア

解　説

　マイケル・ポーター（Porter,M.）が示した競争要因に関する設問である。ポーターが示した競争環境の分析の枠組みでは、5つの競争要因があるとされる（図表②-1「ポーターの5つの競争要因」を参照）。

① 業界内の競争関係

　　一般的にライバルの数が増加すると、製品・サービスの差別化が難しくなり、競争が激化する。

② 新規参入の脅威

　　参入障壁が低いと、新規参入の脅威は大きい。逆に参入障壁が高いと、新規参入の脅威は小さい。

③ 代替製品・サービスの脅威

　　新しい機能やサービスが付与されることで、既存の業界が脅威にさらされる。例えば、携帯電話に時計機能やカメラ機能が備わることで、時計やカメラの業界に影響を与えることになる。

④ 買い手の交渉力

　　買い手の規模が大きくなると、買い手の交渉力が高まり、値引きなどの要求が行われやすくなる。

⑤ 売り手の交渉力

　　売り手の規模が大きくなると、売り手の交渉力が高まり、値上げなどの要求が行われやすくなる。

　本設問においては、「②新規参入の脅威」を「既存業者の撤退」としているため、アが誤りである。

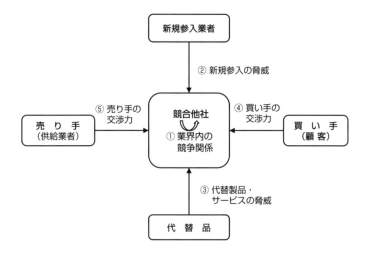

図表②-1「ポーターの5つの競争要因」

【問題 12】（P.55〜56）　正解　イ

解　説

　SWOT分析の枠組みは戦略立案の際に、自社の経営資源や環境の優位性を確認するために広く活用されている。SWOTの4つの英字は、4つの分類の頭文字（英語）から取ったものである（図表②-2「SWOT分析」参照）。

① Strength（強み）・・・他社に勝る経営資源
② Weakness（弱み）・・・他社に劣る経営資源
③ Opportunity（機会）・・・自社にとって将来の利益や成長を生み出す要因
④ Threat（脅威）・・・自社にとって将来の損害や障壁を生み出す要因

図表②-2「SWOT分析」

		内　部　環　境	
		強　み（S）	弱　み（W）
外部環境	機会（O）	強み×機会の戦略（SO） 強みを用いて機会をとらえる	弱み×機会の戦略（WO） 弱みを補強して機会をとらえる
	脅威（T）	強み×脅威の戦略（ST） 強みを用いて脅威に対応	弱み×脅威の戦略（WT） 脅威のリスクをコントロール

【問題　13】（P. 28 ～ 30）　正解　エ

解　説

　企業の成長の方向性を整理する枠組みとして活用されるのが、イゴール・アンゾフ（Ansoff,I.）の提示した**製品－市場マトリクス**（成長マトリクス、成長ベクトルとも呼ばれる）である。成長の方向性を、製品（既存製品、新製品）と市場（既存市場、新市場）の２軸で分類する（図表②-3「製品－市場マトリックス」を参照）。

① **「市場浸透」（既存製品と既存市場）**
　既存の製品を既存の市場に提供し続けながら成長を図る。
② **「製品開発」（新製品と既存市場）**
　既存市場に自社にとって新しい製品を導入する。
③ **「市場開発（市場開拓）」（既存製品と新市場）**
　既存の製品を自社にとって新しい市場（顧客）に提供する。
④ **「多角化」（新製品と新市場）**
　新市場に新製品を導入する。

図表②-3「製品－市場マトリックス」

	既存製品	新製品
既存市場	① 市場浸透 （成長機会の発見）	② 製品開発 （新しい製品の導入）
新市場	③ 市場開発（市場開拓） （新しい市場の開拓）	④ 多角化

【問題　14】（P. 30 〜 33）　正解　オ

解　説

　製品ポートフォリオ・マネジメントでは、企業の複数事業を分類するために市場成長率（当該事業が属する業界全体または市場全体の年間成長率）と相対市場シェア（当該事業の市場シェアを分子とし、業界内で最大のライバル企業の市場シェアを分母とした比率）の2軸が用いられる（図表②-4「製品ポートフォリオ・マネジメント」を参照）。

　「花形」事業は相対市場シェアが高いため資金流入は大であるが、成長段階の業界では競争が激しく追加投資が必要であり、資金流出も大きくなる。「問題児」は市場成長率が高いが、相対市場シェアは低い。そのため積極的な投資が必要である。投資を続けて成功すれば、花形事業となり、金のなる木に移行する可能性がある。市場シェア1位で資金流入の多い「金のなる木」事業は、投資を必要とする他の事業の資金源となる。一方、「負け犬」は市場成長率も市場シェアの拡大も見込めないため、売却や撤退の可能性も考慮する必要がある。

図表②-4「製品ポートフォリオ・マネジメント」

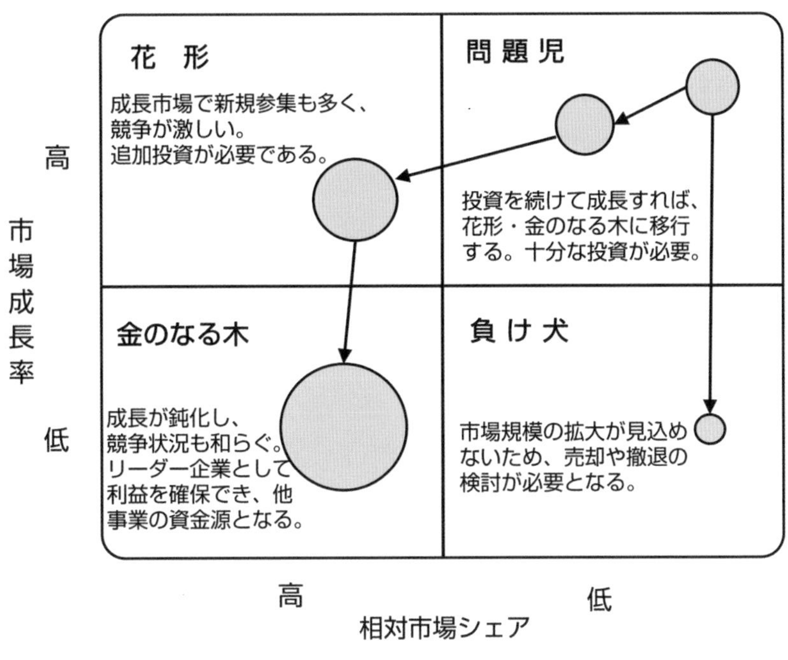

【問題　15】（P. 36 〜 38）　正解　ウ

解　説

　マイケル・ポーターは企業が長期にわたって業界で平均以上の業績を達成するためには、「コスト・リーダーシップ」「差別化」「集中」の３つの基本戦略があるとした。このうち「集中」は「コスト集中」と「差別化集中」に分かれる（図表②-5「３つの基本戦略」を参照)。

① コスト・リーダーシップ

　業界内で他社よりも低いコストを実現する戦略である。市場シェアの大きい企業にとっては経験効果（累積生産量が増えるに従ってコストが低下すること）や規模の経済性（大規模な生産設備を導入することによって生産効率を向上させ、単位当たりのコストを低下させること）によって、低コストを実現できる可能性が高い（問題48の解説を参照)。

② 差別化

　顧客にとって価値のある、競合にはない特異性を実現する戦略である。差別化を実現できると、高価格の設定も可能となり、高い収益性を得ることができる。

　しかし、差別化した製品・サービスは競合他社によって模倣されないように、常に革新を行って差別化を持続させることが重要である。

③ 集中

　特定の製品分野や顧客セグメントに経営資源を集中し、その分野での優位性を獲得する戦略である。このうち「コスト集中」は特定の分野でのコスト・リーダーシップを実現するものであり、「差別化集中」は特定の分野での差別化を実現するものである。市場シェアの小さい企業では、競争優位性を獲得し、高い優位性を獲得するために集中戦略を用いることが適切である場合が多い。

　コスト・リーダーシップ、差別化、集中の複数の戦略を同時に追及することで、どちらも中途半端な取り組みとなる状態をスタック・イン・ザ・ミドルと呼ぶ。

図表②-5「3つの基本戦略」

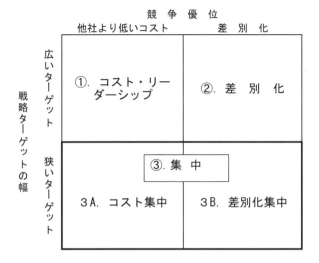

競　争　優　位

他社より低いコスト　　　　差　別　化

	競争優位：他社より低いコスト	競争優位：差別化
広いターゲット	①. コスト・リーダーシップ	②. 差　別　化
狭いターゲット	3A. コスト集中	3B. 差別化集中

③. 集　中

戦略ターゲットの幅

【問題　16】（P.38〜40）　正解　ウ

解　説

　フィリップ・コトラー（Kotler,P.）は同一業界で競争する複数の企業を、市場シェアと戦略上の特徴から4つ（リーダー、チャレンジャー、フォロワー、ニッチャー）に分類した。図表②-6「市場地位別の競争戦略」では、特徴、基本戦略、マーケティング・ミックスの方向性をまとめた。それぞれの市場地位にある企業が、どのような戦略を採るべきかを理解することが大事である。

図表②-6「市場地位別の競争戦略」

競争地位	市場目標	基本戦略	ターゲット市場	マーケティング・ミックスの方向性			
				製品	価格	流通	プロモーション
リーダー	・最大シェアの確保と維持 ・最大利潤の確保と維持 ・名声の確保と維持 ・市場の拡大	全方位	フルカバレージ	中〜高品質を軸としたフルライン	中〜高価格水準（非価格競争）	広範囲なチャネル（開放型チャネル）	マス広告によるブランド確立
チャレンジャー	・最大シェアの達成	差別化	セミフルカバレージ	リーダーとの差別化が中心となる			
				リーダーとの差別化を狙った製品構成	リーダーと比較して価格を調整	特徴を持たせたチャネル	ブランド訴求と機能訴求
フォロワー	・生存利潤の確保	模倣	経済性セグメント	低価格水準に寄せた製品ライン	低価格水準	価格訴求型チャネル	広告宣伝よりも、営業・販促に注力
ニッチャー	・利潤の確保 ・名声の確保と維持	集中（ミニ・リーダー戦略）	特定市場セグメント	中〜高品質の限定された製品ライン	中〜高価格水準	限定型チャネル	マインドシェアを高める説得

☕ コーヒーブレイク：マーケティング戦略編

「事業の定義」を決定する眼

　「製品ポートフォリオ・マネジメント」（p.27）は複数の事業を分類する手法ですが、明確な指針を得るためにはまず「事業の定義」を決定することが重要となります。「事業の定義」とは簡単にいうと、その事業でなにを行うかを決めることです。ハーバード大学のセオドア・レビット（Levitt,T.）は、事業を狭く定義するリスクを「マーケティング近視眼」と表現しました。

　レビット教授がマーケティング近視眼の例として挙げたのは、アメリカの鉄道会社です。20世紀初頭、大変な興隆を誇ったアメリカの鉄道会社は、20世紀の中頃には見る影もなく衰退してしまいます。これは鉄道会社が利用者の目的と手段を取り違えて理解したことに端を発します。アメリカの鉄道会社は、自らの事業を「鉄道事業」と考え、多くの乗客を安価なコストで列車に乗せ、都市と都市をつなぎ、大陸を横断しました。しかし、それに対抗する飛行機や自動車が新しい手段として隆盛してから、ほどなく鉄道は人々の前から姿を消したのです。このことからも「事業の定義」にあたっては「消費者が本当に求めているものは何か」を熟考することが必須となります。

　マーケティング近視眼を避けることは、多くの企業にとって大事ではありますが、一方で「マーケティング遠視眼」の落とし穴に陥る可能性があります。例えば、ある企業は自社の事業を製品ではなく顧客の視点によって再編成しました。原子力はエネルギー事業、洗濯機はクリーニング事業という具合です。しかしながら、エネルギー事業は原子力だけでなく火力や風力、水力もあるため、そちらへも投資が拡大していきます。当然の帰結として、全社的な資金面での余裕が乏しくなりました。これがマーケティング遠視眼の弊害です。

　こうしたことから、「事業の定義」を決めるにはマーケティング近視眼やマーケティング遠視眼に陥ることなく、消費者が本当に求めているものを見抜き、それに対して「自社の立場では何をするべきか」を正確に捉える眼が必要なのです。

テーマ ③
マーケティング・リサーチ

企業は局面ごとに適切かつ迅速に意思決定を下すことが求められます。マーケティング・リサーチは自社に必要な情報を識別するために、正確な情報を効率良く収集・分析して、意思決定をサポートするためのツールとなります。

テーマ③ではマーケティング・リサーチの様々な手法を学習します。

【問題　17】　マーケティング・リサーチのデザイン

マーケティング・リサーチのステップでは、全体像を明確に把握するための「問題の設定」が行われた後、その問題に沿ってリサーチのデザインを決定する。この「リサーチのデザイン」の説明として誤っているものを、以下のア～ウの中から選びなさい。

ア．探索的リサーチでは、問題解決のために重要なコンセプトを抽出し、調査仮説の構築を目指す。

イ．記述的リサーチでは、調査仮説を基に統計的手法で検証を行い、厳密に因果の方向性を特定する。

ウ．因果関係リサーチは、疑似的な実験環境を基に因果関係を推論する方法である。

【問題　18】　探索的リサーチの主要な手法

探索的リサーチには様々な手法があるが、主要な手法は4つある。これらの主要な手法について書かれた文章として誤っているものを、以下のア～エの中から選びなさい。

ア．文献検索では、新聞や雑誌、書籍やインターネットなどの様々な情報源から情報収集される。

イ．経験調査では、実際の商品やサービスを調査者が店頭で購買したり、実際に使用したりする。

ウ．グループ・インタビューでは、人数が多いほど情報が集まり、お互いの意見交換も活性化しやすい。

エ．事例分析では、過去に起こった関連事項についての情報が収集され、詳細な検討が加えられる。

【問題　19】　データの収集と測定

マーケティング・リサーチではリサーチ・デザインの決定後に、データ収集と測定が行われる。これに関して述べた文章として誤っているものを、以下のア〜エの中から選びなさい。

ア．リサーチによって性質を明らかにしたい集団を「母集団」、実際の調査対象を「標本（サンプル）」、標本を選ぶ作業を「標本抽出（サンプリング）」と呼ぶ。

イ．二次データは、調査者の当面の課題に沿った目的で収集されたデータとは言えない場合がある。

ウ．データの収集方法における「観察法」は、被験者に回答を選んでもらうやり方でデータが収集される。

エ．「無作為抽出法」は統計的に偏りが現れにくく、もっとも母集団を代表するサンプリング方法である。

【問題　20】　測定尺度の種類

測定尺度には「名目尺度」「序列尺度」「間隔尺度」「比尺度」の４つがある。これらの尺度の説明として誤っているものを、以下のア〜エの中から選びなさい。

ア．「名目尺度」は性別・職業などに数字を付与しており、数量的な意味はない。

イ．「序列尺度」はお気に入りのブランド順位など順序を示すものである。

ウ．「間隔尺度」は通常の四則演算のうち、乗法・除法を適用できない。

エ．「比尺度」を使った例として、数値間隔の等しい温度がある。

【問題 21】 統計的検定の考え方

調査仮説の検証には統計的手法が用いられることがある。統計的検定の考え方について、次の文章の空欄①〜③に該当する組み合わせとして適切なものをア〜エの中から選びなさい。

統計分析においては、変数間に関連や差があることを直接的に証明することができない。そのため（ ① ）仮説を立てて、（ ① ）仮説が非常に（ ② ）確率で成り立つことを確認することによって、元の調査仮説を支持するという手続きをとる。この水準を（ ③ ）といい、一般的に5%が採用される。

ア．①対立　　②高い　　③合意水準

イ．①帰無　　②高い　　③有意水準

ウ．①対立　　②低い　　③有意水準

エ．①帰無　　②低い　　③有意水準

【問題 22】 様々な統計的検定・分析

データ分析では2変数間またはグループ間において、その関連性を確認するために統計的検定・分析を行う。統計的検定・分析について説明した文章として<u>誤っているもの</u>を、以下のア〜エの中から選びなさい。

ア．カイ2乗検定とは「期待値」と「観測値」のズレを統計的に検証することで、2変数間の関連性を確認する手法である。

イ．相関分析とは「相関係数」を用いて、2変数間の関連の強さを表す手法である。相関の種類には、正相関、負相関、無相関がある。

ウ．t検定や分散分析は、グループ間における特定の変数の観測値に差があるかどうかを検証する手法である。

エ．回帰分析とは複数の変数によって説明される現象に対して、原因となる変数と結果となる変数の関連性を検証する方法である。

テーマ ③ 解答

【問題 17】（P. 79 〜 80） 正解　イ

解　説

　マーケティング・リサーチのステップ（概要）は図表③-1「マーケティング・リサーチの概要」のように表される。このステップの2番目にあたる「リサーチ・デザインの決定」は、図表③-2「マーケティング・リサーチの類型」に整理した通り、調査目的に従って3つの方法から選択する。

　このうち記述的リサーチは定量的リサーチであり、統計的手法が用いられる。この手法では<u>特定の因果関係を推論することができても、厳密に因果の方向性を特定することはできない</u>。例えば、「ブランド力の高い商品」と「消費者の購買意識の高さ」に正の相関がみられたとしても、因果の方向性までは特定することはできない。因果関係の方向性を検証するには、因果関係リサーチで実験形式を用いるべきである。

図表③-1「マーケティング・リサーチの概要」

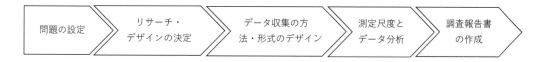

問題の設定 ▶ リサーチ・デザインの決定 ▶ データ収集の方法・形式のデザイン ▶ 測定尺度とデータ分析 ▶ 調査報告書の作成

図表③-2「マーケティング・リサーチの類型」

方法	分類	調査目的
探索的リサーチ	定性的リサーチ	マーケティング問題やアイデアを発見するために用いる。現在直面する問題を明らかにしたり、リサーチ全体においてどの情報収集を先に行うかを決めたり、非実践的なアイディアをふるい落としたりする。
記述的リサーチ	定量的リサーチ	消費者や市場などのマーケティング環境を記述するために用いる。特定グループの特性を記述したり、特定の行動様式を持つ集団が全体の中でどの程度の割合存在するかを推定したり、特定の事象を予測したりする。
因果関係リサーチ	定量的リサーチ	ある事象の原因や結果の関係性（方向や強さ）を特定するために用いる。ある結果をもたらす複数の原因のうち、いくつかの因果関係について推論することを試みる。

【問題　18】（P. 82 ～ 84）　正解　ウ

解　説

　本設問は探索的リサーチの主要な手法について説明したものである。探索的リサーチは、アイデアやインサイトを得ることを目的としている。具体的には4つの主要な手法があり、選択肢でそれぞれの手法の内容を記述している（図表③-3「探索的リサーチの種類と説明」を参照）。

　このうち、グループ・インタビューは、ターゲットとなる顧客から調査対象の商品やサービスについて、正確で率直な意見を効率よく集めるために利用される手法である。グループ・インタビューでは調査目的に合わせて、ターゲットとなる顧客の代表（被験者）を数名選定して、対象商品やサービスについて嗜好やニーズを自由に意見交換してもらい、発話データを記述する。被験者へ質問を行うインタビュアーは良い聞き手であり、インタビューが停滞した時には意見を活性化できるような能力を持っていることが望ましい。

　<u>グループ・インタビューは人数が多いほど良い調査になるというわけではなく</u>、インタビュアーの力量や被験者の性質によって、意見交換が活性化するかどうかが決まる。

図表③-3「探索的リサーチの種類と説明」

探索的リサーチの種類	尺度の意味
文献検索（文献調査）	新聞や雑誌、書籍、パンフレット、インターネット、データーベースなど様々な情報源から、目的に適した情報を収集する。
経験調査	実際の商品やサービスを調査者が店頭で購買したり、実際に使用してみたりすることで洞察を得る。
グループ・インタビュー	ターゲット顧客を数名集めて、対象商品やサービス、嗜好やニーズなどについて自由に意見交換してもらい、発話データから洞察を得る。
事例分析	過去に起こった事例を情報収集をして、特定の行動に対してどのような結果が得られたのかなどを分析して洞察を得る。

【問題　19】（P. 86 〜 90）　正解　ウ

解　説

　収集するべきデータの種類には「一次データ」と「二次データ」がある。一次データとは調査者が、調査目的のために固有の方法で収集したデータである。二次データとは何かしらの目的で収集されたデータである。そのため、二次データは参考とはなるが、必ずしも調査者自身の調査目的を満たすものとは限らない。

　マーケティング・リサーチにおいて調査目的を達成するには、ターゲットとなる顧客すべてに調査を行うことが望ましい。しかし、現実的にはコストや時間の面で不可能である。そのため、低コストで効率良くデータを収集するために「サンプリング」を行う。サンプリングとは、母集団からその全体を代表するような標本（サンプル）を選び出し、それを調べることで、調査結果から母集団の全体を推定することである。代表的なサンプリングは、対象者をランダムに抽出する「無作為抽出法」で、母集団を代表する手法として広く採用されている。

　またデータ収集方法は大きく２つに分けられる。調査者が聞きたい項目を質問して答えてもらう「コミュニケーション法」と、被験者の自然な様子を観察して記録する「観察法」がある。観察法では知りたい項目を直接被験者に尋ねることはできないため、希望するデータが得られないこともある。

【問題　20】（P. 90 〜 92）　正解　エ

解　説

　マーケティング・リサーチで利用する数字には、大きく４つの測定尺度がある。「名目尺度」「序列尺度」「間隔尺度」「比尺度」である（図表③ -4「マーケティング・リサーチ 測定尺度のタイプ」を参照）。名目尺度と序列尺度をあわせて質的データ、間隔尺度と比尺度をあわせて量的データと呼ぶ。

① 名目尺度

　性別や職業などにおいて、その内容を区分するために数字を用いたものを

指す。数量的な意味はなく、例えば、性別に関して「男性＝1」「女性＝2」という数字を振ったとしても「1＋2＝3」などの計算はできない。

② 序列尺度

ブランド順位や市場シェア順位などの順序を示すが、その間隔に意味がないものを指す。例えば、「1位」「2位」「3位」は順序を示すが、この間隔には意味がない。

③ 間隔尺度

ブランドに対する選好（「1＝まったく好きではない」〜「5＝非常に好きである」）や温度（摂氏、華氏）などの間隔が等しく、四則演算のうち加法と減法を適用できるものを指す。例えば、「摂氏20度は10度の2倍暑い」ということはできないように、乗法・除法を用いた比率は適用できない。

④ 比尺度

販売数量や重量のように、絶対的な基準となる「ゼロ」が定まっており、四則演算のうち加減乗除を適用できるものを指す。比率にも意味があり、被験者の違いを比較することもできる。

図表③-4「マーケティング・リサーチ 測定尺度のタイプ」

尺度のタイプ	尺度の意味	具体的な例	基本的な比較方法	可能な計算
名目尺度	区分するために数値をあてたものである。	性別、職業など	同一性	最頻値
序列尺度	順序には意味があるが、その間隔には意味がない。	ブランド順位、市場シェア順位など	順序	中央値 大小関係の比較
間隔尺度	目盛りが等間隔になって、その間隔に意味がある。	ブランドに対する選好、温度など	間隔的比較	平均値 加法、減法
比尺度	絶対的な基準となる「ゼロ」が定まっていて、間隔や比率にも意味がある。	販売数量、重量など	絶対的比較	幾何／調和平均 加法、減法、乗法、除法

【問題 21】（P.93） 正解 エ

解 説

　統計的検定の基本的な考え方に関する設問である。統計分析では、検証したい変数同士を直接的に証明することができない。そのため、<u>検証したい仮説とは逆の仮説である、帰無仮説を立てて、帰無仮説が非常に低い確率でしか成立しないことを確認することによって、元の調査仮説を支持するという手続きをとる</u>。この手続きの判断基準となる数値を有意水準といい、一般的に5%が採用されている。有意水準が5%以下の場合、帰無仮説が成立する確率が5%ほどしかないということを意味する。そのため、当初検証したい仮説が正しかったことが支持される。

【問題 22】（P.93〜96） 正解 ウ

解 説

　データ分析では2変数間またはグループ間において、その関連性を確認するために統計的検定・分析を行う。この設問では、いくつかの手法を取り上げた。以下では代表的な検定・分析の手法について説明する。

＜2変数の関連性の検定・分析＞
● カイ2乗検定
　　2変数が名目尺度や序列尺度で測定されている場合、クロス表分析によるカイ2乗検定が適用される。この検定では、全体の数と特定の事象から算出される「期待値」をもとに、実際に収集されたデータである「観測値」のズレを統計的に検証することで、2変数の関連性を確認する。
● 相関分析
　　2変数が間隔尺度や比尺度で測定されている場合、相関分析が適用される。相関分析では相関係数が算出され、2変数間の関連の強さが表される。相関の種類には以下の3つがある。
（1）一つの変数が増大すればするほど、もう一方の変数が増大する（正相関）。

（2）一つの変数が増大しても、もう一方の変数は無関係な値をとる（無相関）。

　（3）一つの変数が増大すればするほど、もう一方の変数が減少する（負相関）。

相関係数は－１～＋１までの範囲で値を取る。正相関では＋１に近くなり、負相関では－１に近くなる。０の時は無相関である。

＜グループ間の関連性の検定・分析＞

● t 検定／分散分析

　グループ間の関連性の検定では、t検定／分散分析などの手法が適用される。名目尺度と間隔尺度、あるいは名目尺度と比尺度との関連を把握する。

　t検定は２つのグループ間、分散分析は３つ以上のグループ間で検証する手法である。例えば、t検定では男性と女性における身長差を、分散分析では学生と主婦とサラリーマンにおける収入格差を検証する。いずれも特定の変数の平均値に差があるかどうかを検証する手法である。

＜多変数（多変量）の関係性の検定・分析＞

● 回帰分析

　ある現象を複数の変数によって予測や説明する場合に適用される。回帰分析では原因となる変数（説明するための変数であるので "説明変数" と呼ぶまたは、"独立変数" と呼ぶ）と、結果となる変数（分析の目的となる変数であるので "目的変数" と呼ぶまたは、"従属変数" と呼ぶ）の関連性を検証する。

　多変数（多変量）データの分析には、回帰分析以外にも、データに潜む共通因子を探り出す因子分析や、多変数（多変量）データから類似したものを集めて、いくつかの集落（クラスター）に分類するクラスター分析などといった手法がある。

テーマ ④
消費者行動

競争の激しいビジネス環境において、企業が生き残るためには規模や業界を問わず、消費者（顧客）行動の深い理解が不可欠です。消費者を理解するために、その行動を分析することはマーケティングの基本であるともいえます。

テーマ④では消費者の心理的特性や購買行動の特徴などを学習します。

マーケティングにおいては、消費者のもつ「知覚」を押さえることが重要である。消費者の知覚に関する記述として<u>誤っているもの</u>を、以下のア〜エの中から選びなさい。

ア．知覚とは、人間が外部の情報を意味づけするプロセスであり、情報へ接触し、注意を向け、解釈するという3つの段階で構成される。

イ．消費者にとって主観的に意味づけされた品質のことを知覚品質と呼び、マーケティングを行うにあたっては知覚品質を高めることが重要な課題となる。

ウ．知覚マップとは多様なブランドに対する消費者の知覚を図示したものである。

エ．知覚マップを活用すると、ブランド間の位置づけが分かり、市場の潜在性を確実に発見できる。

製品カテゴリーに含まれるブランドの全体を、「消費者の認知」などの集合で整理することをブランド・カテゴライゼーションという。このうち、想起集合のサイズに関する記述として正しいものを、以下のア〜エの中から選びなさい。

ア．想起集合のサイズは教育水準、年齢や家族数によって異なる。

イ．教育水準が高いほど、想起集合のサイズは小さくなる。

ウ．年齢が高いほど、想起集合のサイズは大きくなる。

エ．想起集合のサイズは平均すると10前後である。

【問題　25】　消費者の認知的枠組み（スキーマ）

消費者のブランドイメージに影響を与える「スキーマ」について説明した記述として<u>誤っているもの</u>を、以下のア～エの中から選びなさい。

ア．スキーマとは日常的な行動や特定の事象に関する知識を、ある決まったものの見方や考え方で判断する枠組みのことである。

イ．スキーマと一致した情報は、既存のスキーマが適用されるため、情報処理がほとんどされない。

ウ．スキーマと極端に異なる情報は、当てはめようとしたスキーマが間違っていたと判断され、情報処理がされなくなる。

エ．スキーマとの不一致が起こった場合、それが少しだったとしても、既存のスキーマと異なるために消費者の注意をひくことはない。

【問題　26】　消費者意思決定プロセス（CDP モデル）

消費者意思決定プロセスでは、CDP（Consumer Decision Process）と呼ばれるモデルが提示されている。このCDPモデルの記述に関して<u>誤っているもの</u>を、以下のア～オの中から選びなさい。

ア．購買意思決定の出発点は問題認識にあるとしている。この問題認識は過去の状態と現在の状態の間に差異を感じたときに生じる。

イ．問題認識が生じると、消費者は満たされていないニーズを満たそうと問題解決に向けて情報探索を始める。

ウ．情報探索では記憶の中から関連する知識を引き出す内部探索と、友人や家族、インターネットなどから情報を収集しようとする外部探索がある。

エ．購買することを決定した後は、2つのフェーズに分かれる。第1フェーズは購買時期と購買チャネルの選択であり、第2フェーズは購買チャネル内の選択である。

オ．購買によって当該商品の所有権が消費者に移行すると、購買後評価段階に移行する。

【問題　27】　消費者の問題解決パターン

「消費者の問題解決パターン」に関する文章を読んで、以下の文章に当てはまる適切な用語の組み合わせを選びなさい。

購買意思決定プロセスにおいて問題解決のパターンは3つに大別される。
①_____とは、情報探索や選択肢評価に時間をかけて慎重に解決策を探るタイプである。高額商品や当該製品カテゴリーに関する知識が乏しい場合に行われる。
②_____では既有の評価基準や選好に基づき、一部の情報を基に問題解決がなされる。なじみのある製品カテゴリーの購買時に多くみられるタイプである。
③_____とは、情報探索や選択肢評価にほとんど時間をかけないタイプである。低価格で購買頻度の高い製品カテゴリーの購買において多くみられる。

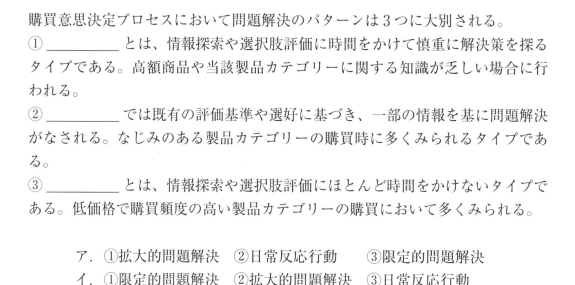

ア．①拡大的問題解決　②日常反応行動　③限定的問題解決
イ．①限定的問題解決　②拡大的問題解決　③日常反応行動
ウ．①拡大的問題解決　②限定的問題解決　③日常反応行動
エ．①限定的問題解決　②日常反応行動　③拡大的問題解決

【問題　28】　消費者の商品選択の決定方略

消費者意思決定プロセスでは、消費者が商品を選択する際に、決定方略（Decision Strategy）という心理的操作で選択肢を評価する。この決定方略の説明として誤っているものを、以下のア～エの中から選びなさい。

ア．各選択肢の全属性を検討し、総合的に最も好ましいと判断した商品を選択する方略を「加算型」と呼ぶ。
イ．各選択肢の属性についてそれぞれ必要条件となる水準を設定し、すべての必要条件を満たした最初の商品を選択する方略を「加重加算型」と呼ぶ。
ウ．最も重視する属性において、最も評価の高い商品を選択する方略を「辞書編纂型」と呼ぶ。
エ．各選択肢の属性についてそれぞれ十分条件となる水準が設定され、どれか1つの条件でもクリアする商品があれば、その商品を選択する方略を「分離型」と呼ぶ。

【問題　29】　消費者の商品に対するこだわりの強さ

次の文章の【　　】には共通の語句が入る。その語句として最も適切なものを、以下のア～オの中から選びなさい。

【　　】とは、購買や商品に対するこだわりの強さを意味する。ある商品について、こだわりが強く、自分にとって重要な購買ということであれば、消費者は慎重になるし、より多くの情報を広範囲に収集するだろう。一方、【　　】の低い購買状況では、限定的な範囲の情報収集に留まる。

例えば、クリスマスの時期にケーキに対するこだわりが起こるのは、多くの購買者にとって【　　】の高いイベントという認識を持つためである。

　　ア．知識
　　イ．記憶
　　ウ．態度
　　エ．関与
　　オ．知覚

【問題　30】　消費者の購買行動の類型

ヘンリー・アサエル（Assael,H.）が提唱した消費者の購買行動の類型によると、購買者に「認知的不協和」が起こりやすいのはどのような場合であるか。以下のア～エの中から適切なものを選びなさい。

　　ア．消費者の関与が高く、ブランド間知覚差異も高い
　　イ．消費者の関与が高く、ブランド間知覚差異が低い
　　ウ．消費者の関与が低く、ブランド間知覚差異が高い
　　エ．消費者の関与が低く、ブランド間知覚差異も低い

解釈レベル理論は、対象との心理的距離によって、その対象の捉え方が異なることを示している。心理的距離が遠い場合と近い場合の組み合わせとして正しいものを、以下のア～エの中から選びなさい。

ア．距離が遠い：副次的 ⇔ 距離が近い：本質的

イ．距離が遠い：具体的 ⇔ 距離が近い：抽象的

ウ．距離が遠い：製品の機能 ⇔ 距離が近い：製品の使いやすさ

エ．距離が遠い：どうそれを行うのか ⇔ 距離が近い：なぜそれを行うのか

マズローの5段階の欲求を説明した文章として正しいものを、以下のア～エの中から選びなさい。

ア．5段階の欲求のうち、最下段の欲求から4つまでの階層を「欠乏欲求」といい、最上段の欲求を「存在欲求」という。

イ．5段階の欲求のうち、最下段の欲求は衣類・住居などや、危険の回避など安全な状態を得ようとする「安全欲求」である。

ウ．5段階の欲求のうち、最上段の欲求は他人から認められたい、尊敬されたいという「尊敬欲求」である。

エ．マズローの5段階の欲求は、人の欲求に関して緊急度の低いものから高いものへ至る階層になっている。

★【問題　33】　準拠集団

準拠集団が消費者の購買に与える影響に関する文章として<u>誤っているもの</u>を、以下のア〜エの中から選びなさい。

　ア．優れたスポーツ選手が、あるブランドを身につけてスポーツしている姿をみて、消費者はそのブランドの購入を検討することがある。

　イ．腕時計や自動車など人目に触れる製品の選択では、準拠集団の存在がブランドの選択に強い影響を与える。

　ウ．別荘やフィットネスクラブの選択では、準拠集団の存在がブランドの選択に強い影響を与える。

　エ．冷蔵庫などの個人的な必需品の選択では、準拠集団の存在がブランドの選択に強い影響を与える。

★【問題　34】　プロスペクト理論

ダニエル・カーネマン（Kahneman,D）とエイモス・トベルスキー（Tversky,A）が示したプロスペクト理論を説明した文章について、下線部が正しいものは○、誤っているものには×とした場合、以下のア〜エの中から正しい組み合わせを選びなさい。

プロスペクト理論では、消費者が製品やサービスの価値の高低を決める場合、(1)<u>ゼロを基準に判断している</u>と考える。また利得や損失によって生じる価値の変化は、(2)<u>損失よりも利得の方が上回る</u>とされている。さらに、(3)<u>同じ利幅であれば利得が大きくなるにつれて、消費者は価値を感じにくくなる</u>ことが示されている。

　ア．(1)　○　⇒　(2)　○　⇒　(3)　×

　イ．(1)　×　⇒　(2)　×　⇒　(3)　○

　ウ．(1)　○　⇒　(2)　×　⇒　(3)　×

　エ．(1)　×　⇒　(2)　○　⇒　(3)　○

テーマ ④ 解答

【問題 23】（P. 102 ～ 106） **正解 エ**

解 説

　消費者の知覚を分析することは、顧客志向のマーケティングにおいて重要なステップとなる。消費者のもつ知覚は、商品・サービスが与える様々な情報を捉えて意味づけを行う。刺激に対する人間の知覚は、様々な要因によって変化する。このような解釈の変化を「知覚バイアス」といい、消費者が感じて意味づけした品質のことを「知覚品質」とよぶ。マーケティングにあたっては、消費者が感じる「知覚品質」を高めることが重要である。

　消費者の知覚を知るための手段として「知覚マップ」がある（図表④-1「知覚マップのイメージ図」を参照）。知覚マップは各ブランドのイメージに関する質問を行い、その回答を統計解析して、2軸で図示したものである。知覚マップではブランド間の位置づけを「視覚的に」把握することができるため、ポジショニング戦略の方針を決めるのに活用できる。しかしながら、知覚マップは消費者が好ましいと感じるかどうかの「態度」は反映されていないため、図面上で空白になっている領域を発見しても、それがそのまま市場の潜在性を表していることにならない点に気を付ける必要がある。

図表④-1「知覚マップのイメージ図」

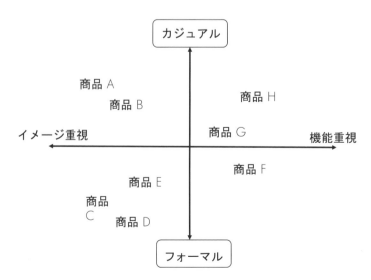

【問題　24】（P. 106 〜 109）　正解　ア

解　説

　ブランド・カテゴライゼーションは、ある製品カテゴリーに含まれるブランドを消費者の認知、情報処理、態度などによっていくつかの分類をして、整理する枠組みである。ブランド・カテゴライゼーションの代表的な枠組みとして、下図がある（図表④-2「ブランド・カテゴライゼーション」を参照）。本設問はこの図のなかで、**想起集合**（考慮集合とも呼ぶ）に関するものである。想起集合は、購買時に検討の対象となり得るブランドの集合のことである。このため、あらゆるブランドにとって想起集合に入ることが目標となる。

　想起集合のサイズ（想起集合に入るブランド数）には、下記の特徴が明らかにされている。①想起集合のサイズは平均すると3前後である、②想起集合のサイズは年齢や家族数、教育水準によって異なる、③想起集合のサイズは教育水準と正の相関（教育水準が高いほど、想起集合のサイズは大きい）があり、年齢は負の相関（年齢が高いほど、想起集合のサイズは小さい）にある。

図表④-2「ブランド・カテゴライゼーション」

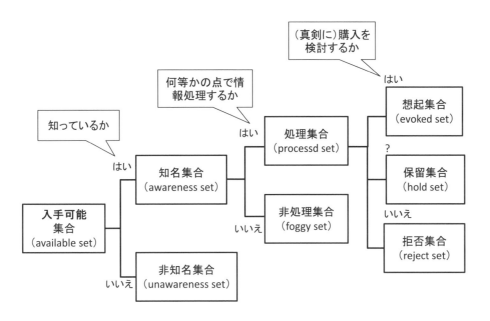

テーマ④

消費者行動

【問題　25】（P. 109）　正解　エ

　スキーマとは日常的な行動や特定の事象に関する知識を、ある決まったものの見方や考え方で判断する枠組みのことである。スキーマと極端な不一致の場合、当てはめようとしたスキーマが間違っていると判断され、情報処理がされなくなる。また、スキーマとほぼ一致した情報は、既存のスキーマをそのまま適用すれば良いので注意を向けられることもなく、情報処理もほとんどされない。

　その点、適度な不一致は消費者の注意をひき、既存のスキーマとの関連づけを行おうと積極的な情報処理がされる。この「適度なスキーマの不一致」を創造することにより、消費者が注意を向け、情報処理を活発化させることができる。

【問題　26】（P. 111 〜 113）　正解　ア

　消費者意思決定プロセスにおける、CDP（Consumer Decision Process）モデルについて説明したものである。購買意思決定の出発点は問題認識であるが、それは理想の状態と現在の状態の間に差異を感じたときに生じる。CDP モデルは、「問題認識⇒情報探索⇒選択肢評価⇒購買⇒購買後評価」の順序で説明される（図表④ -3「CDP モデル」を参照）。CDP モデルを理解することで、いくつかのメリットがある。(1) 消費者が商品を購買（非購買）した理由について考察できる、(2) 追加的な購買の促進方法が発見できる、(3) 製品開発において重視すべき属性が把握できる、(4) 消費者が欲している情報を効果的なフォーマットで提供することが可能となる、などである。

図表④ -3「CDP モデル」

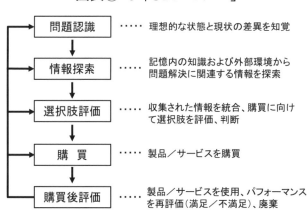

【問題　27】（P. 112）　正解　ウ

解　説

　消費者の購買行動において問題が認識された場合、その解決のパターンは3つに大別される。拡大的（包括的）問題解決、限定的問題解決、日常反応行動である。それぞれの問題解決パターンについて、以下にまとめる（図表④-4「購買行動における問題解決のパターン」を参照）。

① 拡大的（包括的）問題解決

　　情報探索や選択肢評価に時間をかけて慎重に解決策を探る。主に高額商品や当該カテゴリーに関する知識が乏しい場合に行われる。

② 限定的問題解決

　　既有の評価基準や選好に基づき、一部の情報を基に解決がなされる。なじみのある製品カテゴリーの購買時に多くみられる。

③ 日常反応行動

　　情報探索や選択肢評価にほとんど時間をかけない。低価格で購買頻度の高い製品カテゴリーの購買で多くみられる。

図表④-4「購買行動における問題解決のパターン」

問題解決のパターン	対象となる商品（カテゴリー）の主な特徴	問題解決の際の特徴
拡大的（包括的）問題解決	高額商品や知識が乏しいカテゴリー	情報探索や選択肢評価を時間をかけて慎重に解決
限定的問題解決	なじみのある製品カテゴリー	既有の評価基準や選好に基づき、一部の情報を基に解決
日常反応行動	低価格で購買頻度の高い製品カテゴリー	情報探索や選択肢評価にほとんど時間をかけないで解決

【問題　28】（P. 114〜115）　正解　イ

　消費者が商品を購買する際に、購買対象となる選択肢をどのように評価するかについて説明したものである。消費者が購買対象となる選択肢を評価するには、**決定方略**（Decision Strategy）という心理的操作が働く。商品の選択肢の複雑さや、商品へのこだわりなどによって、消費者が用いる決定方略は異なり、最終的に選択される商品も異なる。以下に決定方略の種類をまとめる（図表④-5「決定方略の種類と特徴」を参照）。

図表④-5「決定方略の種類と特徴」

決定方略の種類	決定方略の特徴
加算型	各選択肢が全属性にわたって検討され、総合的に最も好ましいと判断された商品が選択される。
加重加算型（線形代償型、多属性態度型）	複数の属性について、当該属性の重要度（好ましさ）と当該商品が有している属性水準を掛け合わせたものを足し上げ、その結果最も得点の高い商品が選択される。
連結型	検討される属性についてそれぞれ必要条件となる水準が設定され、すべての必要条件を満たした最初の商品が選択される。
分離型	検討される属性についてそれぞれ十分条件となる水準が設定され、どれか1つの条件でもクリアする商品があれば、その商品が選択される。
辞書編纂型	最も重視する属性において最も評価の高い商品が選択される。
感情依拠型	過去の使用経験や購買経験から、最も気に入っているブランドが選択される。

　選択肢イの決定方略の例は、「加重加算型」ではなく、「連結型」であるため誤りである。

【問題 29】（P. 116） 正解 エ

　関与とは、消費者がある対象物や事象と、どの程度の関わり（こだわり）が
あるかを表したものである。関わりが強いものを関与が高いといい、関わりが
弱いものを関与が低いという。関与が高まると一般的に消費者の注意、短期記憶、
情報探索の量が増加し、情報処理の深さ（精緻化レベル）が深まり、豊富で複
雑な知識が形成されやすくなる。一方、関与が低いと消費者の注意、短期記憶、
情報探索の量は減少し、情報処理の深さは浅いものとなる。

テーマ④

消費者行動

【問題 30】（P. 116 〜 117） 正解 イ

解 説

　関与と消費者購買行動の関係をまとめた枠組みに、アサエルの購買行動類型
がある。消費者の関与の高／低とブランド間知覚差異（ブランドの違いを知覚
できる程度）の大／小によって、消費者の購買行動を4分類している（図表④
-6「アサエルの購買行動類型」を参照）。商品の購入後、消費者は「本当にこの
商品で良かったのだろうか」と悩んでしまうことがある。このように自己の内
部で矛盾を生じて、心理的な緊張が高まることを「認知的不協和」と呼ぶ。消
費者の関与は高いのに、ブランド間の知覚差異が小さい場合に認知的不協和が
生じやすくなる。認知的不協和が生じると、消費者はそれを低減させる行動ま
たは思考をとるようになる。アサエルは4分類のうち、こうした購買行動の類
型を「認知的不協和低減型」とした。

図表④ -6「アサエルの購買行動類型」

消費者の関与水準

ブランド間知覚差異		高	低
	大	複雑な情報処理型	バラエティ・シーキング型
	小	認知的不協和低減型	慣性型

【問題　31】　正解　ウ

解　説

　近年、社会心理学や消費者行動学では「解釈レベル理論」の考え方が取り上げられており、マーケティングでも消費者の思考を知る上で有効な概念となっている。解釈レベル理論とは、人々による出来事の解釈が、その出来事と現在の自分との心理的距離に影響を受けることを示したものである。<u>今ここで直接経験している出来事は自身との「心理的距離が近い」とし、他方、今ここで直接経験していない出来事は自身との「心理的距離が遠い」とする。</u>

　例えば、消費者が商品の購入を検討する際、製品の本質的な「機能」と副次的な「使いやすさ」という2属性を評価すると考える。この場合、購入までの時間が遠い場合は「機能」の属性が重視され、購買の直前では「使いやすさ」の属性が重視される傾向にある。

　もっと身近な例として「昼食」を挙げてみたい。時間的距離の近い場合、例えば「今日」食べる昼食について考えると、具体的にどのような場所で、どのようにして、という詳細な情報を利用する。この時、プロセスや具体的な「手段（How）」に注目した観点から昼食を捉える。一方、「1年後の今日」食べる昼食について考えると、おいしいご飯を楽しく食べたいというように、抽象的な「目的（Why）」に注目した観点から昼食を捉える。

　このように、時間的距離の近い出来事は、具体的で詳細な要素から解釈されるのに対し、時間距離の遠い出来事は抽象的で本質的な要素から解釈される。図表④-7では心理的距離が遠い場合の解釈レベルと、心理的距離が近い場合の解釈レベルの特徴をまとめた。

図表④-7「心理的距離の遠近による解釈レベルの特徴」

解釈レベルの特徴	
心理的距離が遠い場合	心理的距離が近い場合
本質的	副次的
抽象的	具体的
上位的	下位的
Why	How
なぜそれを行うのか	どうそれを行うのか
製品の機能	製品の使いやすさ

【問題 32】 正解 ア

解 説

　心理学者のアブラハム・マズロー（A.H.Maslow）は、「人間は自己実現に向かって絶えず成長する」と仮定し、人間の欲求を5段階の階層で理論化した。マズローの欲求階層理論と称される。その欲求階層は「生理的欲求⇒安全欲求⇒社会的欲求⇒尊敬欲求⇒自己実現欲求」で構成され、人の欲求に関して緊急度の高いものから低いものへ至るものとなっている（図表④ -8「マズローの欲求階層理論」を参照）。

図表④ -8 「マズローの欲求階層理論」

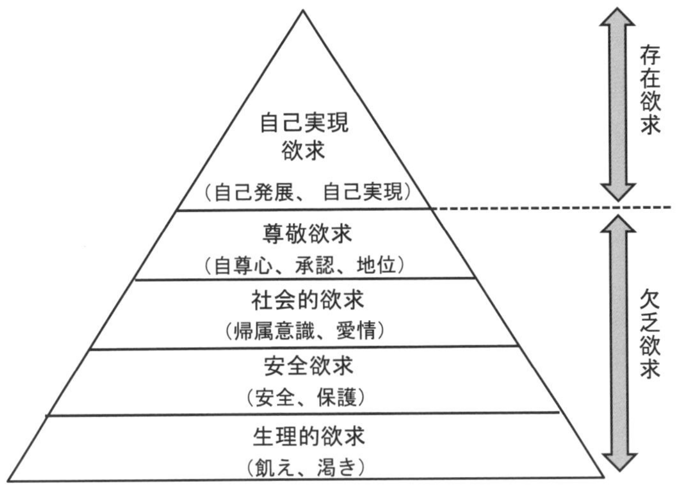

以下では、緊急度の高い欲求階層から順を追って簡単に説明する。

● 生理的欲求

　　食事や睡眠など人が生きていくための、肉体的・本能的な欲求である。

● 安全欲求

　　衣類・住居などや、危険の回避など安全な状態を確保しようとする欲求で、生理的欲求とあわせて生命としての基本的な欲求である。

● 社会的欲求

　　家族・会社・国家などに帰属したいとする欲求である。「所属と愛の欲求」とも言われる。

● 尊敬欲求

　　自分が集団から価値ある存在と認められ、称賛・尊敬されることを求める欲求である。

● 自己実現欲求

　　自分の能力・可能性を発揮し、創作的活動や自己の成長を図り、あるべき自分になりたいと思う欲求である。

　マズローの理論では、最下段の生理的欲求から尊敬欲求までの4つの階層を「欠乏欲求」とし、最上段の自己実現欲求を「存在欲求」（または成長欲求とも呼ぶ）とした。マーケターは、マズローの理論を参考にして、自社の製品がどのように消費者の欲求や目標、人生と関わっているかを理解することができる。

【問題　33】　正解　エ

■ 解　説

　準拠集団とは個人が自分や他人を評価したり、個人の態度形成や行動に影響を与える集団のことである。マーケティングにおいては、商品あるいはサービスへの態度や購買意思決定に、準拠集団の影響があると考えられている。

　身近な準拠集団の例として、家族、会社、趣味の仲間、友人などが挙げられる。また身近な集団以外にも、ファッションモデル、歌手、プロスポーツ選手など、直接的な対人関係のない集団も準拠集団として見なされる。準拠集団の影響には、以下の3種類がある。

① 情報的影響

　　自分が関心をもつ集団から何かしらの情報を得て、消費に役立てる場合を指す。例えば、優れたスポーツ選手が、あるブランドを身につけてスポーツをしている姿をみて、そのブランドの購入を検討することがある（よって、選択肢アは正しい）。

② 規範的影響

　　その社会集団がもつ個人への「期待」を自分の消費生活に反映させることで、その集団に受け入れられ、称賛されることを希望するような行動を指す。例えば、富裕層においてブランドを身につけることや、高級住宅街に住むことが、その集団の成員として認められることがある。

③ 価値表出的影響

　ある社会集団のもつ価値観に個人の価値を同一化することを意味する。例えば、ボランティア活動をするグループに属する時、そのグループがもつ価値観に賛同することが求められることがある。

　準拠集団の影響を受けて、消費者がどのように商品やブランドを選択するのかをまとめたものが、図表④-9「商品とブランドに与える準拠集団の影響」である。

図表④-9「商品とブランドに与える準拠集団の影響」

	必需品	非必需品
	商品選択への準拠集団の弱い影響	商品選択への準拠集団の強い影響
【視認性】 ブランド選択への準拠集団の強い影響	一般的必需品： 準拠集団は、商品選択に弱い影響、ブランド選択に強い影響をもつ。 例）腕時計、自動車	一般的贅沢品： 準拠集団は、商品選択にもブランド選択にも強い影響をもつ。 例）別荘、フィットネスクラブ
【プライベート】 ブランド選択への準拠集団の弱い影響	個人的必需品： 準拠集団は、商品選択にもブランド選択にも弱い影響をもつ。 例）マットレス、冷蔵庫、下着	個人的贅沢品： 準拠集団は、商品選択に強い影響、ブランド選択に弱い影響をもつ。 例）ホームシアター

　図表④-9を見ると、準拠集団が商品やブランドの選択に与える影響には、下記2つの基準があることが分かる。

● 選択した商品が必需品か非必需品か（非必需品＝贅沢品を持つ場合、その商品を持つことが、ある準拠集団に属している証拠になる）。
● 選択したブランドが準拠集団の目に触れるかどうか（他者から見られる可能性（視認性）がある場合、ブランドを持つことが、ある準拠集団に属している証拠になる）。

　選択肢イの腕時計や自動車は「一般的必需品」に属し、選択肢ウの別荘やフィットネスクラブは「一般的贅沢品」に属する。これらは他者からの視認性があるため、準拠集団の存在がブランド選択に強い影響を及ぼす。一方、選択肢エの冷蔵庫は「個人的必需品」に属しており、プライベートな空間での利用となるため、準拠集団の存在がブランド選択に与える影響は弱い。

【問題 34】 正解 イ

解　説

　ダニエル・カーネマン（Kahneman,D）とエイモス・トベルスキー（Tversky,A）
が提唱したプロスペクト理論は、「利得」と「損失」に対して、人間がどのよう
な感情（価値）の変化を引き起こすかを示したものである（図表④ -10「プロス
ペクト理論による価値関数」を参照）。プロスペクト理論は価格決定の理論とし
て、広く知られている。

図表④ -10「プロスペクト理論による価値関数」

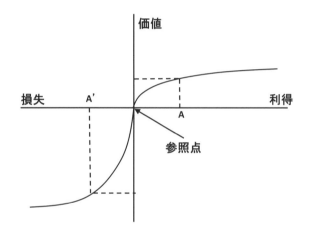

　消費者は製品やサービスに対して対価を支払う際に、価格ごとに価値の評価
を行っている。価値の評価は、消費者が期待する価格と実際の価格とのかい離
によって決められる。消費者が期待する価格を「参照点」という。プロスペク
ト理論では、消費者が製品やサービスの価値の高低を決める場合、この参照点
を基準に判断していると考える（よって選択肢（1）の「ゼロを基準としている」
は誤りである）。

　またこの理論では、図表④ -10 に見られる通り、利得と損失によって、消費
者が感じる価値の変化は非対称であることが確認されている。図表中の A と
A' が同じ幅（例えば、A を 100 万円の利得、A' を 100 万円の損失）とする
と、それによって、消費者の感じる価値の変化は利得よりも損失の方が上回る
とされている（よって選択肢（2）の「損失よりも利得の方が上回る」は誤りで
ある）。これはプロスペクト理論が「損失回避の法則」と呼ばれる理由になって

おり、消費者は利得で得られる満足感よりも、損失を避けたいとする気持ちの方が大きいということである。

　この損失回避に基づいた心理的作用が、**保有効果**である。保有効果とは自身が保有している物や立場などに高い価値を見出す傾向のことである。保有効果が強いと、自身が保有しているものを捨てることは「損失」として捉えられるため、損失回避の法則が働く。その結果、保有物を手放すことに抵抗が生まれる。

　プロスペクト理論では、利得や損失が増加すると、同じ割合の変化であっても、消費者が価値を感じにくくなることも示されている。例えば、1万円しか所持していない人が2万円になった時に感じる価値は、年収800万円の人が年収801万円になった時に感じる価値よりも大きいということである。同じ1万円の増加ではあるが、金額が大きいほど、消費者は価値を感じづらくなる。これは利得だけの例ではなく損失においても同様であることが確認されている（よって選択肢（3）の「同じ利幅であれば利得が高まるにつれて、消費者は価値を感じにくくなる」は正しい）。

　プロスペクト理論を踏まえてマーケティングを考えた場合、顧客の持つ参照点がどこにあるかを認識して、製品やサービスの価格付けを行う必要がある。例えば特価の安売りを繰り返すと、消費者にとっての参照点が安売り時の価格に固定されてしまい、通常の価格での購入を「損失」と判断する可能性があるため注意が必要である（消費者にとって参照点となる価格を「内的参照価格」という。内的参照価格については、問題51の解説を参照）。

☕ コーヒーブレイク：消費者行動論

わずかな変化を続けるロングセラー・ブランド

いったん構築されたブランドイメージを維持しながら、市場の変化に対応するために、パッケージや味などに与えるわずかな変化を「**丁度可知差異（ちょうどかちさい）**」と言います。丁度可知差異は英語の "just noticeable difference" の訳語で、「just noticeable（辛うじて気づく）」ことのできる差異を表します。丁度可知差異の考え方はもともとドイツの生理学者であるエルンスト・ヴェーバーが、人間が感じる差異について定量的な法則を発見したことに基づいており、それが後にマーケティングの分野に応用されたものです。

どのブランドも人気を維持するためには、ブランドイメージの陳腐化を防ぎ、これまでのファンを維持しながら、ブランドの鮮度を保つことが求められます。そのためブランドの基調となるトーンは変えずに、デザインには微細な変化を与えます。

例えば、「ジョージア」は1975年に発売を開始されて以来、コーヒー市場のトップブランドとして位置しますが、ロングセラーの「ジョージア エメラルドマウンテンブレンド」は数回デザインを変更をしながらも、中心に描かれている山のイメージは変えていません。微妙にデザインを変えることにより、新規顧客の獲得を図ったり、従来の顧客が飽きることを防いだりして、固定顧客を維持しています。これは、日清のチキンラーメン、永谷園のお茶づけ海苔など多くのロングセラー・ブランドで行われています。

どのブランドにも変えるべき点と変えてはいけない点があります。完全なスキーマの不一致ではなく、「適度なスキーマの不一致」を創造させること（P50）がポイントです。微妙な差異を加えることで消費者が注意を向け、情報処理を活発化させることができます。こうした微妙に差異が分かる程度の変化を続けることで、ロングセラー・ブランドは消費者から注目を集め、人気を維持しているのです。

テーマ ⑤
製品戦略

企業が成長するために優れた製品を提供し、そこから利益を得るための方策が「製品戦略」です。実際、企業は様々な製品を軸として自社のマーケティングを展開しています。

テーマ⑤は製品戦略の基本的な知識を習得するために、製品ライフ・サイクルなどの概念を学習します。

テーマ⑤ 製品戦略

61

【問題 35】 消費者の購買習慣と製品分類

消費財の製品分類は消費者の購買習慣にしたがい、4つの区分で説明される。製品分類の説明として誤っているものを、以下のア〜エの中から選びなさい。

ア.「最寄品」とは消費者が通常、頻繁に、即座に、最小限の努力で購入することができる製品である。

イ.「買回品」とは消費者が選択し購入する過程で、品質、価格などの特性を比較検討する製品である。

ウ.「専門品」とは一部の顧客が専門的に利用するものであり、消費者は努力してまで手に入れようとは思わない製品である。

エ.「非探索品」とは消費者がそれについて詳しく知らず、通常、購入を検討していない製品である。

【問題 36】 製品ミックス

次の文章の空欄①〜④に該当する組み合わせとして、以下の文章に当てはまる適切な用語の組み合わせを選びなさい。

製品ミックスは4つの次元で捉えられる。（　①　）は製品ラインの数を指しており、（　②　）はひとつひとつのラインに含まれる製品アイテム数を指す。（　③　）は製品ミックスに含まれるアイテムの総数を指しており、企業が取り扱っている製品の総量である。（　④　）は用途やチャネルなどの面からみて、各々の製品ラインがどれだけ密接にかかわっているかという程度を表す。

ア. ①深さ　②幅　　③長さ　　④整合性

イ. ①幅　　②長さ　③深さ　　④整合性

ウ. ①長さ　②幅　　③整合性　④深さ

エ. ①幅　　②深さ　③長さ　　④整合性

【問題　37】　製品開発の先発者と後発者

製品戦略ではいち早く製品開発に携わったときは「先発者」、他社よりも遅れて
製品開発へ携わったときは「後発者」と呼ぶ。このうち「先発者」のメリット
として誤っているものを、以下のア〜エの中から選びなさい。

　ア．多くの経験やノウハウを蓄えられるため生産コストを低く抑えられる。

　イ．消費者の心のなかに参入障壁を形成できる。

　ウ．新製品に敏感な消費者層を取り込める可能性がある。

　エ．研究開発やプロモーションに要するコストが少なくなる。

【問題　38】　新製品開発の手順

新製品開発は、通常、①アイデアの探索と創出、②スクリーニング、③事業性
の分析、④開発、⑤テスト、⑥市場導入の6つの手順で行われる。これらのうち、
次の文章に該当する段階として適切なものを、以下のア〜カから選びなさい。

「この段階は依然として机上の作業であり、定性的な分析とともに定量的な分析
もされる。定性的な分析において、諸々のアイデアは製品コンセプトとしての
性格をもつようになる。その製品コンセプトを基に、新製品のポジショニング
を検討できるようになると、投資収益率をはじめとする定量的な分析も可能と
なる。」

　ア．アイデアの探索と創出

　イ．スクリーニング

　ウ．事業性の分析

　エ．開発

　オ．テスト

　カ．市場導入

テーマ⑤

製品戦略

【問題　39】　新製品開発のアプローチ

新製品開発のアプローチにはいくつかの種類があることが知られている。

このうち、「開発プロセスの段階ごとに組織内の役割分担が明確に示される」アプローチを、以下のア～エの中から選びなさい。

- ア．リレー型アプローチ
- イ．ラグビー型アプローチ
- ウ．単純重複型アプローチ
- エ．短縮連鎖型アプローチ

【問題　40】　製品ライフ・サイクル

製品ライフ・サイクルのモデルについて説明した、以下の文章に当てはまる適切な用語の組み合わせを選びなさい。

（　①　）期に入ると市場が大きく膨らみ、（　②　）の低下にともなう値下げなどによって売上高は急速に伸長する。続く（　③　）期では、売上高の伸びがいよいよ鈍り始めて利益高もまた下降の一途をたどる。

- ア．①成熟　②生産コスト　③衰退
- イ．①導入　②販売コスト　③成長
- ウ．①成長　②生産コスト　③成熟
- エ．①成長　②販売コスト　③衰退

【問題　41】　製品ライフ・サイクルとマーケティング・ミックス

製品ライフ・サイクルとマーケティング・ミックスについて説明した文章として<u>誤っているもの</u>を、以下のア～エの中から選びなさい。

ア．「導入期」では新製品を浸透させるためのプロモーション戦略に主眼が置かれる。

イ．「成長期」では競合ブランドに負けないだけのブランド・ロイヤルティの育成が要点となる。

ウ．「成熟期」では基本機能の説明や特徴を訴えるプロモーションが有用である。

エ．「衰退期」ではブランドの全面的なモデルチェンジまたは市場からの撤退を検討する。

【問題　42】　ファッド（流行現象）

市場のなかには、かつて流行した製品が期間をおいて再び流行したり、短期のうちに流行して廃れるものがある。こうした例のうち「ファッド」と呼ばれる現象について正しく説明した文章を、以下のア～エの中から選びなさい。

ア．アパレル業界において特定の素材やカラーが、数年ごとに何度も流行を繰り返すこと。

イ．玩具業界において特定の玩具やゲームが、一定期間をおいて何度もヒットを繰り返すこと。

ウ．通信業界において最新の携帯電話の機能を一定期間ごとにリニューアルし、製品の魅力を減ずること。

エ．音楽業界において最新の曲が、一部の熱心な支持者にヒットするものの、すぐに終息すること。

【問題　43】　ブランド・アイデンティティ

デイヴィッド・アーカー（Aaker,D.A.）が示した「ブランド・アイデンティティ（Brand Identity：BI）」の概念について正しく説明した文章を、以下のア～エの中から選びなさい。

ア．BIとは、消費者の頭の中にあるブランドのイメージである。

イ．BIとは、企業が創造したいブランドの目標（理想像）である。

ウ．BIが消費者に提案する価値は、情緒的価値のみである。

エ．BIには、知覚品質やブランド連想が含まれる。

【問題　44】　イノベーション普及理論

エベレット・M・ロジャース（Rogers,E.M）の提唱したイノベーション普及理論では、新商品購入に関する顧客層を5つのタイプに分類している。この概念の説明として誤っているものを、以下のア～オの中から選びなさい。

ア．イノベーター（Innovators）は革新者とも呼ばれ、新商品を積極的に購入する。この層は商品の目新しさだけで購入しているため、商品の評価は定まっているとはいえない。

イ．アーリーアダプター（Early Adopters）は初期採用者とも呼ばれ、流行に敏感であり、自ら情報収集を行った上で購入する。この層は他の消費層への影響力が大きい。

ウ．アーリーマジョリティ（Early Majority）は前期追随者とも呼ばれ、新しい技術や商品の購入に慎重な姿勢をみせる。しかしながら、平均よりも早く新商品を購入するため、オピニオンリーダーとも呼ばれる。

エ．レイトマジョリティ（Late Majority）は後期追随者とも呼ばれ、新商品の購入に慎重であり懐疑的である。周囲の人たちが購入したり試したりする状況を見てから判断する。

オ．ラガード（Laggards）は遅滞者とも呼ばれ、世の中の動きに関心が薄く、新商品やイノベーションを受け入れずにいる層である。

【問題　35】（P. 122）　正解　ウ

解　説

　製品の分類を考える際、消費者の購買慣習に従うと、「最寄品」「買回品」「専門品」「非探索品」の４つに区分される。

　「最寄品」とは頻繁に、即座に、最小限の努力によって購入することができる製品であり、タバコ、新聞、コーヒーなどが該当する。「買回品」とは消費者がデザイン、性能、価格などを比較検討する製品であり、一般的な家具、衣料、電化製品などが該当する。「専門品」とはユニークな機能や価値を持ち合わせ、特別な努力をしてでも購入したいと思わせる製品であり、高級ブランド品、自動車などが該当する。「非探索品」とは消費者に知られておらず、購入をほとんど検討されない製品である。煙探知機や墓石などが該当する。

【問題　36】（P. 124 ～ 125）　正解　エ

解　説

　製品ミックスとは、製品ラインと製品アイテムの組み合わせである。製品ラインとは企業が取り扱っている製品カテゴリーのことである。また製品アイテムとは各製品ラインに含まれるブランド、価格、サイズ、スタイルなどのバリエーションのことである。

　通常、製品ミックスは「幅」「深さ」「長さ」「整合性」という４つの次元で捉えられる。「幅」は製品ライン数を指しており、「深さ」はひとつひとつのラインに含まれる製品アイテム数である。「長さ」は製品ミックスに含まれる製品アイテムの総数を指しており、企業が取り扱っている製品の総量である。そして、「整合性」は用途やチャネルなどの面からみて、各々の製品ラインがどれだけ密接に関わっているかの程度を表している。収益を高めるには製品ミックスのうち、とりわけ、製品ライン数である「幅」をいかに広げていくかが重要になる。

テーマ⑤

製品戦略

【問題 37】（P. 126） 正解 エ

解　説

　製品開発における「先発者」のメリットに関する設問である。以下では、先発者と後発者のそれぞれの代表的なメリットについて確認する。選択肢エは、後発者のメリットに含まれる。

《先発者のメリット》

① 消費者の心のなかに参入障壁を形成できる。先発者がカテゴリーの代名詞として扱われるために、後発者がそのカテゴリーにうまく参入できない。

② 経験効果が得られる。特定の製品カテゴリーにいち早く関わった先発者はより多くの経験やノウハウを蓄えられる分、生産コストをより低く抑えることができる（問題48の解説を参照)。

③ うま味のある市場を獲得できる。新しいものを受け入れるのに抵抗がないだけでなく、価格にもさほど敏感でない消費者層を取り込める可能性がある。

《後発者のメリット》

① 不確実性を見極められる。先発者によって開拓された市場が、きちんと成長するかどうかを判断して設備投資を進められる。

② 研究開発やプロモーションに要するコストが少なくなる。新製品がもたらす技術、ベネフィット、使用場面などを先発者によって知らされていれば、後発者はそれらを開発したり訴求したりするコストが少なくなる。

③ 消費者の変化に対応しやすい。消費者のタイプに合わせて、柔軟に市場トレンドに対応できる場合がある。

【問題　38】（P. 128）　正解　ウ

解　説

新製品開発は、通常、①アイデアの探索と創出、②スクリーニング、③事業性の分析、④開発、⑤テスト、⑥市場導入の６つの手順で行われる。以下ではそれぞれの手順について説明をする。

① アイデアの探索と創出・・・新製品のためのアイデアが収集され整えられる。
② スクリーニング・・・組織の目標やターゲット顧客などを念頭に収集されたアイデアを取捨選択する。
③ 事業性の分析・・・スクリーニングを通過したアイデアについて、定性的また定量的な分析を行う。この時点では依然として机上の作業である。
④ 開発・・・新製品のプロトタイプを作成する段階であり、事業性の分析で整えられたコンセプトを具体的な製品属性へと落とし込んでいく。
⑤ テスト・・・新製品のプロトタイプを実際の市場や実験室で試験を行う。
⑥ 市場導入・・・テストの結果を踏まえて調整が行われた後、市場において機運が高まった、好ましいタイミングで新製品を導入する。

【問題　39】（P. 129 ～ 131）　正解　ア

解　説

新製品開発のアプローチはいくつかの種類があるが、従来、知られているのは、開発プロセスの段階ごとに組織内の役割分担が明確に示される「リレー型アプローチ」である（図⑤-1「新製品開発のアプローチ」を参照）。このアプローチでは、それぞれの部門やグループの役割が明確に区分され、開発プロセスは直列的に進んでいく。

その他のアプローチとして、プロセスの各段階を重複させながら開発を進める「ラグビー型アプローチ」、各段階を少しずつ重複させながら開発を進める「単純重複型アプローチ」、各段階に要する時間が短く、鎖のようにつなぎながら開発を進める「短縮連鎖型アプローチ」がある。

図表⑤ -1 「新製品開発のアプローチ」

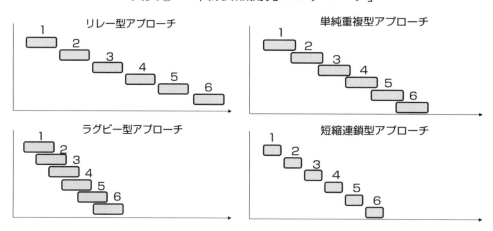

【問題 40】（P. 131 〜 133） 正解 ウ

解　説

　製品ライフ・サイクル（Product Life Cycle: PLC）の概念では、市場に送り出した製品を人の一生になぞらえて、いくつかの段階を踏みながら市場から消えていくと考えている。製品ライフ・サイクルの段階数については、見解の分かれるところではあるが、一般的には導入期、成長期、成熟期、衰退期の4段階で説明される（図表⑤ -2「製品ライフ・サイクル」を参照）。

① 導入期

　　新製品が初めて送り出された段階であり、売上高は低く、利益高もマイナスとなる。

② 成長期

　　市場が大きく膨らみ、生産コストに伴う値下げなどで、売上高と利益高が伸長する。

③ 成熟期

　　市場が成熟し、売上高の伸びが鈍り始める。利益高も下降の一途をたどる。

④ 衰退期

　　様々な要因により、売上高と利益高がともに減少していく。技術、ベネフィット、使用場面などを先発者によって知らされていれば、後発者はそれらを開発したり訴求したりするコストが少なくなる。

図表⑤-2「製品ライフ・サイクル」

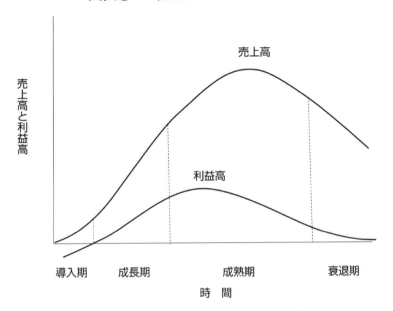

【問題　41】（P.133）　正解　ウ

解　説

　売上や利益は不適切なマーケティングのもとで減少する。そのため担当者は、製品ライフ・サイクルの段階に適した、マーケティング・ミックスを考える必要がある。以下では、製品ライフ・サイクルに応じたマーケティングの考え方を記述する。選択肢ウの成熟期のプロモーションが誤りである。

① 導入期

　　新製品を浸透させるためのプロモーション戦略に主眼を置く。マス広告や消費者／流通業者向けセールス・プロモーションなどによって、ブランドの取り扱いを増やすことが必要となる。

② 成長期

　　市場シェアを拡大するためにプロモーションを行う。ここでは競合ブランドに負けないために、ブランド・ロイヤルティを育成することに主眼を置く。

③ 成熟期

　　引き続きブランド・ロイヤルティを高める戦略を採る。各種の広告では、製品の基本機能の説明や特徴を訴えるプロモーションよりも、製品のイメージを伝える感性的な表現が使用される。競合ブランドにはないユニークなポジションの確立を目指す。

④ 衰退期

　　ブランドの全面的なモデルチェンジや市場からの撤退を検討する。「ブラ
　ンドの全面的なモデルチェンジ」であれば、イノベーションによる修正や市
　場のポジショニング変更を検討する。「市場からの撤退」であれば追加投資
　をせず、最大限の利益を獲得する方法を優先する。

【問題　42】（P.134〜135）　正解　エ

解　説

　　一般的な製品ライフ・サイクルとは異なる例として「スタイル」や「ファッド」
がある。スタイルとは、食べ物、アパレル、娯楽などにおいて特定の製品が流
行したり廃れたりしながら、長期間にわたり続いていく様子を指す。一方、ファッ
ドとは、市場へ投入されてから熱狂的に受容されるものの、流行のピークに達
したあとは急速に廃れていく様子を指す。選択肢エの通り、最新の曲が熱心な
支持者の間で流行したのち、急速に終息に向かう様子がファッドの例に該当す
る。選択肢アとイは、スタイルの例を示したものである。選択肢ウは「計画的
陳腐化」の例を示したものである。計画的陳腐化とは、製品の魅力をあえて減
ずることで新製品の売上を伸ばす方法である。

【問題　43】（P.141〜143）　正解　イ

解　説

　　デイヴィッド・アーカー（Aaker,D.A.）の「ブランド・アイデンティティ
（Brand Identity：BI）」の概念では、BI を企業が創造したいブランドの目標（理
想像）と考える。アーカーがこの概念を生み出す前に、ブランド価値を体系化
したものが「ブランド・エクイティ論」である。ブランド・エクイティ（Brand
Equity：BE）とは、ブランドを企業の資産として捉えたものであり、ブランド
認知・知覚品質・ブランド連想・ブランド・ロイヤルティなどから構成される。
これらは消費者の頭の中にあるブランドに対する一定のイメージである。BI と
BE の関係性を図表⑤-3 にまとめた。

アーカーはBIが消費者に提案する価値として、**機能的価値、情緒的価値、自己表現的価値**の3つを挙げている。このうち、自己表現的価値は情緒的価値に集約されるとしており、BIが消費者に提案する価値は、大別すると機能的価値と情緒的価値の2つである。図表⑤-3のように、企業によって創造されたブランドコンセプトは、消費者の頭の中でブランドイメージとして変換され、形成される。機能的価値は「知覚品質」を、情緒的価値は「ブランド連想」を形成する。

図表⑤-3「ブランド・アイデンティティとブランド・エクイティの関係性」

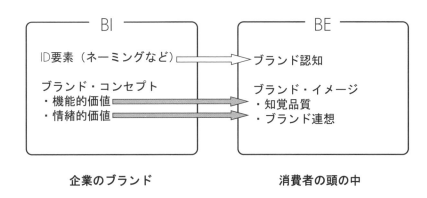

企業のブランド　　　　　消費者の頭の中

【問題 44】 正解 ウ

解 説

エベレット・M・ロジャース（Rogers,E.M）の提唱した**イノベーション普及理論**に関する設問である。イノベーションとなる新商品は消費者によって購入のタイミングが違う。ロジャースは新商品の購入のタイミングの違いを正規分布のグラフで表現し、5つのタイプに分類した（図表⑤-4「イノベーション普及理論」を参照）。以下では購入のタイミングが早いタイプから、その特徴を説明する。

① イノベーター（Innovators）：革新者

新商品が市場に投入されると、最初にイノベーターによって試される。イノベーターは全体の2.5％とごく少数である。この層は商品の目新しさだけで購入しているため、商品の評価は定まっていない。また発売当初は値引きが行われていないため、この層には富裕層が多いとされる。

② アーリーアダプター（Early Adopters）：初期採用者

　新商品の投入から時間が経つと初期採用者が現れる。この層は流行に敏感であり、自ら情報収集を行った上で購入する。またこの層は他の消費層への影響力が大きく、オピニオンリーダーと呼ばれる。アーリーアダプターは全体の13.5％を占めるといわれる。

　イノベーターとアーリーアダプターは合わせて市場全体の16％しかないが、この2タイプで普及するかどうかが次のアーリーマジョリティ、レイトマジョリティに広がるかどうかの分岐点（キャズム）となる。このことをロジャースは「普及率16％の論理」として提唱している。

③ アーリーマジョリティ（Early Majority）：前期追随者

　さらに新商品の普及が進むと、マス媒体や人づての情報などにより、新商品の一般的な知識が拡大する。これにより新商品に対するリスクが減少する。この層は新しい技術や商品の購入に慎重な姿勢をみせるが、リスクが減ったタイミングで価値判断して購入を決める。アーリーマジョリティは全体の34％を占めるといわれる。

④ レイトマジョリティ（Late Majority）：後期追随者

　この層は新商品の購入に慎重であり懐疑的であるため、アーリーマジョリティよりも購入が遅い。周囲の人たちが購入したり試したりする状況を見てから判断する。レイトマジョリティは全体の34％を占めるといわれる。この時期になると普及の速度は急速に落ちていく。

⑤ ラガード（Laggards）：遅滞者

　この層は世の中の動きに関心が薄く、新商品やイノベーションを受け入れずにいる層である。多数の人たちが購入したにも関わらず、最後まで購入を決めかねている。ラガードは全体の16％を占めるといわれる。

図表⑤-4「イノベーション普及理論」

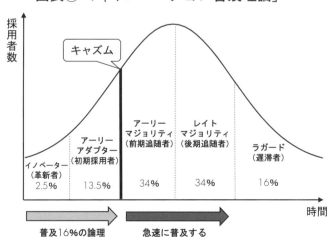

テーマ ⑥
価格戦略

価格の決定は売上に直結するため、最も重要な意思決定のひとつです。
優れた製品やサービスを開発したとしても、価格設定を誤ると、売れ行き
が伸び悩む場合があります。好調に売上をあげている企業は、様々な観点
を考慮した適切な「価格戦略」を展開しています。
テーマ⑥では代表的な価格設定のアプローチや考え方について学習します。

【問題　45】　価格の特徴

マーケティング・ミックスのなかで、「価格の特徴」について述べた文章として
<u>誤っているもの</u>を、以下のア〜エの中から選びなさい。

　　ア．価格は他のマーケティング・ミックスの諸要素とは異なり、それ自体が
　　　　確定的に売上を生み出す。
　　イ．価格は他のマーケティング・ミックスのあり方に影響を受けるため、設
　　　　定し得る価格水準が変化する。
　　ウ．価格の設定によって需要数量は変動するが、コストの水準にまで影響を
　　　　及ぼすことはない。
　　エ．低価格に設定しても、それがそのまま需要数量を増やすとは限らない。

【問題　46】　新製品の価格決定戦略

新製品の導入時における、2つの価格決定戦略について、以下の文章に当ては
まる適切な用語の組み合わせを選びなさい。

（　①　）設定は、新製品の導入時に（　②　）を設定することで、短期間に大
きなシェアを獲得しコスト面で優位性を発揮し、その後に利益を獲得すること
を目指す。一方、（　③　）設定は、短期間に大きな利益をあげ、開発コストを
迅速に回収することを目標として、新製品の導入時に（　④　）を設定する。

　　ア．①上澄み吸収価格　　②低価格　　③市場浸透価格　　④高価格
　　イ．①市場浸透価格　　　②低価格　　③上澄み吸収価格　　④高価格
　　ウ．①上澄み吸収価格　　②高価格　　③市場浸透価格　　④低価格
　　エ．①市場浸透価格　　　②高価格　　③上澄み吸収価格　　④低価格

【問題　47】　新製品の価格設定と企業の競争地位

新製品の価格設定と企業の競争地位の関係について説明した文章として<u>誤っているもの</u>を、以下のア～エの中から選びなさい。

　ア．リーダーは自ら低価格戦略を採らず、非価格競争の方針を採ることが多い。

　イ．チャレンジャーはリーダーよりも、やや高めの価格設定を採ることが多い。

　ウ．ニッチャーは標的市場に対して、やや高めの価格設定を採ることが多い。

　エ．フォロワーは価格に敏感な層を狙い、低価格設定を採ることが多い。

【問題　48】　規模の経済性

企業の価格設定やコスト変動に影響を与える「規模の経済性」について説明した文章として正しいものを、以下のア～エの中から選びなさい。

　ア．同一製品の累積生産量が増加することにより、事業の経験が蓄積され、労働の能率の向上、仕事の専門化、生産設備の能率向上などが起こり、単位当たりのコストが低下する。

　イ．ネットワークの特性をもつ製品・サービスにおいて、利用者数や利用の増加がその製品・サービスの利用によって得られる便益に影響を与える。

　ウ．複数の製品をそれぞれ別の企業が生産するよりも、同一の企業がまとめて生産した方がコストを節減できる。

　エ．大規模な生産設備を導入することによって、生産効率を上昇させることができ、コストの上昇を抑えることができる。

【問題　49】　価格弾力性

価格弾力性について説明した文章として<u>誤っているもの</u>を、以下のア〜エの中から選びなさい。

　ア．価格弾力性の高い商品は低い商品よりも、値引きが有効であると考えられる。

　イ．価格弾力性は、需要量の変化率（％）÷価格の変化率（％）の計算式で求められる。

　ウ．価格弾力性の絶対値が1よりも大きいものを「非弾力的」、1より小さいものを「弾力的」という。

　エ．あるA商品の価格変化により、別のB商品の需要量がどれだけ変化するのかを表す指標を「交差弾力性」という。

【問題　50】　消費者からみた価格の役割

消費者からみた価格の役割について説明した文章として<u>誤っているもの</u>を、以下のア〜エの中から選びなさい。

　ア．価格の数字によって製品の特徴が優れていることを明示するための「評価の役割」。

　イ．価格水準の高さによって消費者に価値をもたらすための「意味の役割」。

　ウ．価格が購買に際して支払う出費であるときの「犠牲の役割」。

　エ．価格の水準によって品質を推量するための「品質のバロメータの役割」。

【問題　51】　価格設定のアプローチ

製品の価格設定をする際のアプローチについて説明した文章として<u>誤っている</u><u>もの</u>を、以下のア～エの中から選びなさい。

　　ア．コストプラス法は製造の原価に一定の利益率を乗せて計算するものである。

　　イ．損益分岐点を用いた価格設定は、損益分岐点すなわち総収入が総費用を超える点を用いて計算する。

　　ウ．コンジョイント分析による価格設定の利点は、属性の相対的な重視度を把握できるため、回答者の本音が垣間見えるところにある。

　　エ．企業は消費者の内的参照価格に応じて価格設定をせざるを得ない場合がある。

テーマ⑥

価格戦略

【問題　45】（P. 163 ～ 164）　正解　ウ

解　説

　マーケティング・ミックス（価格、流通、プロモーション、製品）のなかで、価格がいかなる特徴をもつかを確認したい（図表⑥-1「マーケティング・ミックスにおける価格の位置づけ」を参照）。マーケティング・ミックスにおいて価格のもつ特徴を、以下に3点挙げる。

① 価格は他のマーケティング・ミックスの諸要素とは異なり、それ自体が確定的に利益を生み出す。

　　価格以外のマーケティング・ミックスは、需要数量に影響を与えることで、売上に貢献する。しかし価格はそれ自体が売上に直結する。

② 価格は他のマーケティング・ミックスのあり方に影響を受ける。

　　広告表現や製品が売買される場所によっては、消費者が「このブランドは高そうだ」と考えることがある。そのため設定できる価格は、その他のマーケティング・ミックスに影響を受ける。

③ 価格の設定によって需要数量が変わり、コストの水準にまで影響を与える。

　　低価格や高価格など、設定された価格次第で需要数量は変わる。需要数量が変わると、生産コスト（の水準）に影響を与える。需要数量が増加すると、生産コストは低下するため、単位あたりのコストの水準を低下させる。このように、価格設定は需要数量の増減のみならず、コストの水準にまで影響を与える。

　以上3点の価格のもつ特徴を確認したが、注意するべきこととして、低価格に設定しても必ずしも需要数量が伸長するとは限らない、ことが挙げられる。それは価格水準の高さ自体に価値をもたらすことがあり（問題50の解説を参照）、低価格の設定を続けることで消費者が低価格に慣れてしまうことがある（問題51の解説を参照）からである。そのため、マーケティング・ミックスとの相互関係を配慮して、戦略的に価格設定することが求められる。

図表⑥-1「マーケティング・ミックスにおける価格の位置づけ」

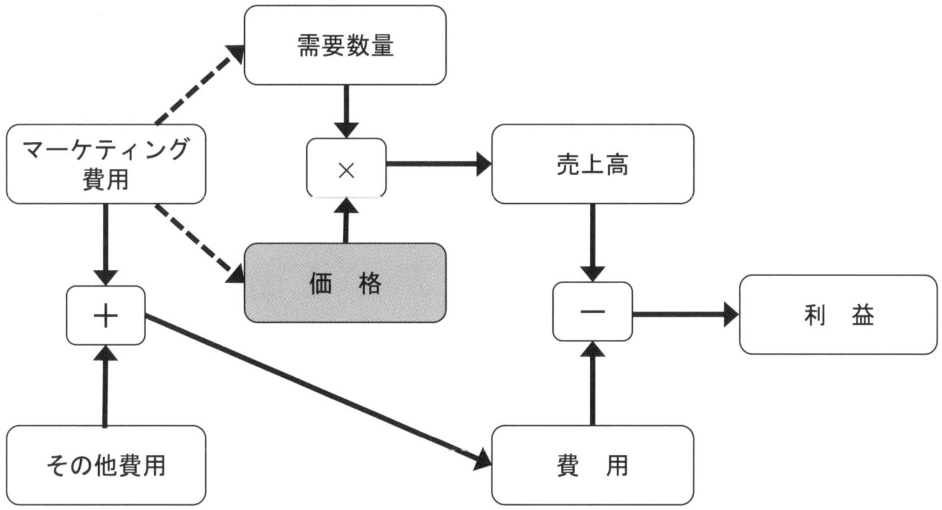

【問題　46】（P. 165 ～ 166）　正解　イ

解　説

　新製品の価格決定のあり方として、よく知られた価格設定戦略が2つある。「市場浸透価格設定」と「上澄み吸収価格設定」である。これらの価格設定は、企業が設定するマーケティング目標によって変わる。

　「市場浸透価格設定」とは、市場シェアの最大化を目標に掲げる企業による価格設定である。新製品の導入時に低価格を設定することで、短期間に大きなシェアを獲得する。それによって大量生産が可能となり、コスト面で優位性を発揮して、利益を獲得することを目指す戦略である。標的市場が低価格に反応する場合や、大量生産によってコスト優位にたてる場合に、この価格設定が採用される。

　「上澄み吸収価格設定」とは、短期間に大きな利益をあげ、開発コストを迅速に回収することを目標として、新製品に高価格を設定する戦略である。ターゲットとなる消費者が富裕層やイノベーター（革新者）で低価格に反応しない場合や、自社製品の品質やブランドイメージが優れており競合他社が導入しにくい場合に、この価格設定が採用される。

【問題　47】（P. 166）　正解　イ

◤解　説◢

　新製品の価格設定は、企業のマーケティング目標に影響を受ける。この新製品の価格設定と企業のマーケティング目標の関係性は、企業の競争地位の観点から以下のように説明される。

● リーダーは、自ら低価格戦略を採らず、非価格競争の方針を採る。リーダーが低価格政策を採用すると、他の企業も追随し、業界全体の利益水準が落ちるためである。この時、リーダーが最も痛手を受けてしまうことになる。
● チャレンジャーは、リーダーとの差別化によるシェア拡大の目標を掲げ、リーダーよりもやや低めの価格設定の方針を採る。
● ニッチャーは、シェアは低いものの、特定の強みを活かした独立した標的市場に対して、利益やイメージの確保を狙うことになる。この場合、やや高めの価格設定の方針を採る。
● フォロワーは、経営資源がリーダーやチャレンジャーに劣るため、基本戦略を模倣とする。開発コストを抑えた上で、価格に敏感に反応する標的を狙って低価格設定の方針を採る。

【問題　48】（P. 167 ～ 168）　正解　エ

◤解　説◢

　価格設定にあたっては、いかなる要因によってコストが変動するのか、とりわけコスト低下の要因を知る必要がある。一般的に費用の大きさは、生産の水準や設備規模によって、変化することが知られている。ある設備のもとで生産数量を増やすほど、製品1単位あたりのコストは低下する。つまり大量生産をすることによって、コスト面での優位性が発揮される。以下では、それぞれの選択肢について説明する。

● 選択肢ア・・・「経験効果」の説明である。

いち早く生産の経験を積み重ねることは、コストの低下につながることが知られている。経験効果とは、累積生産量が増加し事業活動の経験が蓄積されることで、労働の能率の向上、仕事の専門化、生産設備の能率向上などが起こり、単位あたりのコストが低下することをいう。

一般的には、製品の単位当たりのコストは、累積生産量が倍になるごとに20％～30％低下するといわれている。そのため、競合企業よりもいち早く累積生産量を拡大し最大シェアを確保することが重要となる。

● 選択肢イ・・・「ネットワーク外部性」の説明である。

ネットワークの特性をもつ製品・サービスにおいて、利用者数や利用の増加が、その製品・サービスの利用によって得られる便益に影響を与えることをいう。

例えば、携帯電話やEメールなどは利用者が増加することによって、その価値が高まった製品・サービスといえる。

● 選択肢ウ・・・「範囲の経済」の説明である。

範囲の経済とは、複数の製品をそれぞれ別の企業が生産するよりも、同一の企業がまとめて生産した方がコストを節減できることをいう。これは同一の企業であれば、同じ設備を利用することができ、管理費などの複数の製品や事業で重複する部分が削減できるためである。しかし、どのような場合も範囲の経済が働くわけではないため、重複して利用できる部分を考える必要がある。

● 選択肢エ・・・「規模の経済性」の説明である。

規模の経済性とは、大規模な生産設備を導入することによって、生産効率を向上させ、単位あたりのコストを低下させることをいう。これにより大きな費用の低下が見込める場合、大規模な設備の導入が目指されることになる。

【問題　49】（P. 168～169）正解　ウ

解　説

価格弾力性とは、価格の変化に対して、需要量（販売量）がどの程度変化するかを表したものである。つまり、価格を1％変化させたときに、どれだけ需

要量が変化するかを示している。価格弾力性の高い商品は低い商品よりも、値引きすることによって、需要量が増加しやすい。

選択肢イは価格弾力性の計算式であり、《需要量の変化率（%）÷価格の変化率（%）》となる。例えば、ある商品の価格を10%下げて、需要量が20%増加した場合、価格弾力性は 20 ÷ 10 ＝ 2 と算出される。

選択肢ウは、価格弾力性の絶対値が 1 よりも大きいものを「弾力的」（または弾力性が大きい）、1 よりも小さいものを「非弾力的」（または弾力性が小さい）という。前述の例でいうと、価格弾力性は 2 であるため、この場合は「弾力的」である。

選択肢エは、交差弾力性の説明である。交差弾力性とは、ある商品の価格が変化したとき、その変化が他の商品の需要量に与える影響の度合いを示したものである。交差弾力性が低ければ、競合他社が価格を下げても自社の売上が落ちる傾向が少なく、自社が価格を下げても競合他社の売上に与える影響は小さい。

【問題 50】（P. 169 ～ 171） 正解　ア

解　説

消費者からみた価格の役割として、代表的な観点を以下に 3 つ挙げる。

① 犠牲の役割

消費者にとって価格が購買に際して支払う出費であるとき、価格は消費者にとって「犠牲の役割」となっている。この役割からすれば、消費者にとって価格は安ければ安いほうが良い。しかしながら、企業側は消費者が低価格を求めているという観点のみではなく、消費者が製品の価値をどのように知覚するのかという「知覚価値」の観点から価格設定を行う必要がある。

② 品質のバロメータの役割

安かろう悪かろうという言葉があるように、消費者は「価格が安いものは品質が悪いものだ」と解釈する場合がある。つまり、消費者は価格の水準を、品質を推量するための情報として利用している。

③ 意味の役割

価格の水準の高さ自体が消費者に価値をもたらすことがある。このとき、価格は「意味の役割」を果たしている。例えば、高級ワインを購入するときなど、消費者は高価格であること自体に意味を見出す。価格が高いために、多くの人々がそのワインを入手することができないからである。

※価格の役割のうち、価格の数字によって、製品の特徴が優れていることを明示することはできない。よって、選択肢アが誤りである。

【問題　51】（P. 173 ～ 182）　正解　イ

解　説

価格設定のアプローチ（手法）はいくつかあるが、本設問ではコストプラス法、損益分岐点を用いた価格設定、コンジョイント分析による価格設定を取り挙げている。以下では各手法について説明する。

① コストプラス法

この手法は製造の原価に一定の利益率を加えて、価格設定するものである。事前にある程度の販売数を想定して、1 製品あたりの製造の原価を算出する。その原価に一定の利益率を上乗せして価格設定を行う。

② 損益分岐点を用いた価格設定

この手法は損益分岐点を基に価格設定するものである。損益分岐点とは、総収入と総費用が等しい点である（図表⑥ -2「損益分岐点と価格設定」を参照）。図表の通りであれば、目標利益 1.5 億円に到達するには販売量で 7.5 万台が必要であり、損益分岐点は販売量 6 万台の時点である。

販売価格を上げると、総収入の直線はいまより傾きが急な直線となる。そのため、損益分岐点はより販売量が少ない位置（左）に移動する。逆に販売価格を下げると、総収入の直線はなだらかな直線となり、損益分岐点は販売量の多い位置（右）に移動する。このようにして、損益分岐点を用いて販売価格、総収入、販売量、目標利益などの条件を操作して価格設定を行う。

③ コンジョイント分析による価格設定

コンジョイント分析は、顧客サーベイの手法のひとつである。製品・サー

ビスのスペックの組み合わせを作成し、回答者にそれを評価させる。スペックはトレード・オフの関係となっており、回答者にとって「本当に重視すること」を明らかすることができる。この評価を基に分析すると、製品・サービスのスペックの相対的な重視度を把握できる。

　「適切な価格」についても同様に、この相対的な重視度を用いて分析することができる。コンジョイント分析の利点としては、回答者の本音が垣間見えることが挙げられる。

④ その他の価格設定の手法

　その他の価格設定の手法として、専門家の知識を基に市場の反応を推定する手法、顧客から直接データを収集することで価格への反応を確認する手法がある。

　上記では客観的な価格決定のアプローチについていくつか説明したが、最終的な価格設定では、消費者の心理的反応を考慮して修正が加えられることもある。消費者は価格の安い高いを判断するための基準となる「**内的参照価格**」を心の中に持っている。内的参照価格とは、消費者が商品やサービスを購入する際に、過去の経験を基にして心理的に比較する価格のことである。この内的参照価格が多くの消費者で共通のものとなると、企業はこの価格に応じて価格設定をせざるを得なくなる。例えば、冷凍食品などを半額で提供し続けると、消費者はその価格が内的参照価格として記憶されるため、企業は値上げが難しくなる。

図表⑥ -2「損益分岐点と価格設定」

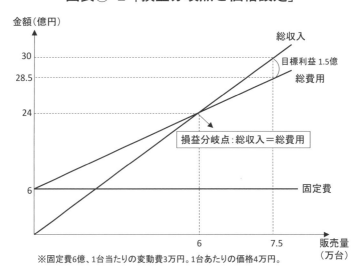

※固定費6億、1台当たりの変動費3万円。1台あたりの価格4万円。

☕ コーヒーブレイク：価格戦略編①

人間の心理に合わせた価格設定

　消費者には、価格の変化に対応した様々な購買心理があります。消費者の価格に対する心理面での反応に基づいて価格を決めることを「**心理的価格設定**」と呼びます。この価格設定について、代表的なものは以下があります。日常生活にも深く関わっているため、実感として分かりやすいと思います。

① 威光価格

　消費者が、製品の価値の評価が十分にできない美術品、宝石、高級ブランド品などの贅沢品では、高い価格をつけた方がかえって品質の評価（名声）が高まり、よく売れる場合があります。このような製品の場合、価格自体が品質の良さを判断するバロメーターになります。**名声価格又は象徴価格**とも言います。

② 端数価格

　1,000円とか10,000円というようにキリのよい価格設定をするのではなく、それぞれ980円、9,800円というようにあえて端数をつけることによって、消費者に安いというイメージを与えるのが端数価格です。端数価格は日用雑貨や衣料品など幅広い製品分野で用いられています。

③ 段階価格

　1,000円均一、5,000円均一、10,000円均一のように普及品、中級品、高級品と段階的に価格設定をすることです。企業としては、高い価格帯を設けることで安い価格帯のお手頃感を訴求したり、安い価格帯をラインナップすることで、高い価格帯の高級感を訴求したりすることができます。**プライス・ライニング**とも言います。

④ 慣習価格

　清涼飲料水やタバコのように購買の習慣上、消費者の意識の中にほぼ定着している価格が慣習価格です。製品によっては長期にわたって、価格が維持されているものがあります。自動販売機の缶ジュースは、現在ほとんどが140円に設定されています。そのため、消費者にとっては、「自動販売機の缶ジュースは140円」という認識が根付いています。このように慣習価格がついている製品は、一度設定されると価格を下げても需要量は大きく伸びず、高くするとほとんど売れなくなってしまいます。

☕ コーヒーブレイク：価格戦略編②

製品ラインにおける価格設定

　企業が取り扱う製品ラインでは、通常、複数の製品があります。こうした製品のなかには、個々の製品で価格を設定するよりも、複数の製品を組み合わせて価格設定をすることで利益を増加させるケースがあります。下記はこうした価格戦略の代表的なものです。

① キャプティブ価格戦略

　キャプティブ（captive）とは、「捕虜」を意味する言葉です。主製品の価格を安く抑えて、シェアを拡大し（顧客を「捕虜」として獲得し）、その主製品に付随している製品で利益を出す戦略です。

　製品の例として、プリンターがあります。プリンター本体の価格はなるべく安くしてシェアを獲得し、その後はトナーなどの付属品で安定的な売上や利益を確保します。その他の例として、ゲーム機のソフトや剃刀の替え刃などが、この戦略に該当します。この価格戦略をとることで、主製品を消費者へ訴求し、固定客を確保することが期待できます。

② 抱き合わせ価格戦略

　抱き合わせ価格とは、ある商品Aとある商品Bを組み合わせて付けられた価格のことです。通常、単品で購入するよりも安い価格に設定されています。

　店舗側にとっては、在庫処分や、販売する手間の削減をすることができます。また「たくさん買うことで一個あたりの価格が安くなっているだろう」という消費者の心理も働くため、販売促進にもつながります。抱き合わせ価格戦略の例としては、「○○が3つで1,000円」の表示や、遊園地の入場券と乗り物券のセット販売などがあります。しかし、それぞれの製品やサービスを単品で購入できない場合や、組み合わせることにより新しい特徴を持ったりしない場合には、独占禁止法違反に該当することもあるため注意が必要です。

テーマ ⑦
コミュニケーション戦略

顧客に自社の製品やサービスの存在を知ってもらうための重要なマーケティング活動が、コミュニケーション（プロモーション）戦略です。自社の製品やサービスの良さを顧客に理解してもらい、購入に至るまで働きかける必要があります。

テーマ⑦では企業のコミュニケーションやそれに対する消費者の反応について学習します。

【問題　52】　企業のコミュニケーション戦略と消費者の反応

企業のコミュニケーション戦略に対する「消費者の反応」を説明した文章として正しいものを、以下のア～エの中から選びなさい。

　ア．新聞や雑誌などでブランドの特徴を伝えるのにふさわしい、消費者の反応プロセスは AIDA モデルである。

　イ．インターネットを使った消費者の反応プロセスでは、Search（探索）と Sympathy（共鳴）が考慮されている。

　ウ．AIDMA モデルは、AIDA に記憶（Memory）のステップを加えたものである。

　エ．企業のコミュニケーション目標は、情報の「送り手」を意識したものでなければならない。

【問題　53】　企業のプロモーションによるコミュニケーション効果

企業のプロモーションによる、消費者とのコミュニケーション効果について説明した文章として誤っているものを、以下のア～エの中から選びなさい。

　ア．広告は製品やブランドのイメージを長期的に作り上げるのに効果的である。

　イ．セールス・プロモーション（販売促進）は、長期的な購買動機を形成するのに効果的である。

　ウ．人的販売は顧客の選好、理解、行動などを形成するのに効果的である。

　エ．パブリシティがテレビなどのマスコミで扱われると、消費者に信頼性の高い情報として受け入れられる。

【問題　54】　プッシュ戦略

コミュニケーション・ミックスのうちプッシュ戦略について説明した、以下の
文章の空欄を埋める適切な用語の組み合わせを選びなさい。

プッシュ戦略とは、自社の営業や流通業者向けの販売促進費を投入することに
よって、（　①　）に対して、（　②　）に向けて自社製品をプロモーションし、
購買するように促すコミュニケーション戦略である。プッシュ戦略は、
（　②　）がブランド間の差異を（　③　）場合や、購買に対する関与が
（　④　）場合に有効である。

 ア．①流通業者 ②消費者 ③明確に知覚できる ④高い

 イ．①流通業者 ②消費者 ③明確に知覚できない ④低い

 ウ．①消費者 ②流通業者 ③明確に知覚できる ④高い

 エ．①消費者 ②流通業者 ③明確に知覚できない ④低い

【問題　55】　プル戦略

コミュニケーション・ミックスのうちプル戦略について説明した、以下の文章
の空欄を埋める適切な用語の組み合わせを選びなさい。

プル戦略とは、広告を中心に（　①　）に自社製品に対する強いブランド選好
をもたせ、（　①　）に店頭で指名買いをさせることによって、（　②　）から
の注文を引き出すコミュニケーション戦略である。プル戦略は、（　①　）がブ
ランド間の差異を（　③　）場合や、購買に対する関与が（　④　）場合に有
効である。

 ア．①流通業者 ②消費者 ③明確に知覚できる ④高い

 イ．①流通業者 ②消費者 ③明確に知覚できない ④低い

 ウ．①消費者 ②流通業者 ③明確に知覚できる ④高い

 エ．①消費者 ②流通業者 ③明確に知覚できない ④低い

テーマ⑦

コミュニケーション戦略

★【問題 56】 統合型マーケティング・コミュニケーション

統合型マーケティング・コミュニケーション（Integrated Marketing Communication：IMC）の説明について、正しいものには○、誤っているものには×とした場合、以下のア〜エのうち適切なものを選びなさい。

1）コミュニケーションの受け手の視点を重視している。
2）消費者による広告の閲覧率などの即時的な効果を目的としている。
3）製品、価格、流通チャネルをもコミュニケーションの手段と見なす。
4）IMC が普及した背景の一つとして、顧客の購買履歴データの活用が進んだことがある。

ア．1）× ⇒2）× ⇒3）○ ⇒4）×
イ．1）○ ⇒2）× ⇒3）× ⇒4）○
ウ．1）× ⇒2）○ ⇒3）× ⇒4）○
エ．1）○ ⇒2）× ⇒3）○ ⇒4）○

★【問題 57】 精緻化見込みモデル

企業の説得的コミュニケーションに対する消費者の反応を示した「精緻化見込みモデル」の説明として誤っているものを、以下のア〜エの中から選びなさい。

ア．中心的処理では、BGM の良さなどを訴求した広告表現が望ましい。
イ．中心的処理は広告のメッセージの内容自体を精査する情報処理である。
ウ．周辺的処理では、製品の性能よりも、広告への出演者の信頼度が大事である。
エ．周辺的処理はイメージなどのメッセージに結びついた手がかりだけを情報処理する。

セールス・プロモーションの効果測定における「共食い現象」について説明した文章として正しいものを、以下のア～エの中から選びなさい。

ア．共食い現象とは、セールス・プロモーション実施期間中は売上が増加するものの、セールス・プロモーションの終了と共に、売上の水準が実施前の水準と比べて低くなる現象である。

イ．共食い現象では「安い今のうちにたくさん買っておこう」と考えた消費者が、買い溜めという行動をとった結果起こる現象である。

ウ．共食い現象が起こると、セールス・プロモーションを実施していない商品の売上減によってトータルの売上が伸びず、結果としてセールス・プロモーションの貢献が見られないということがある。

エ．共食い現象は、将来の需要を先に食べてしまうということから、その名前が付けられた。

テーマ⑦

コミュニケーション戦略

テーマ ⑦ 解答

【問題　52】（P. 187 〜 190）　正解　ウ

解　説

　コミュニケーションでは、情報の「送り手」と「受け手」がいる。マーケティングでは、情報の送り手は主に「企業」であり、受け手は主に「消費者」となる。企業のコミュニケーションの目標設定は、メッセージの「受け手」である消費者のどのような反応を引き出したいのかを基に決定する。

　企業のコミュニケーションに対する消費者の反応は、様々なモデルによって説明されてきた。セールスマンなどによる短期的な対人説得のコミュニケーションを重視する場合には、AIDA モデル、すなわち Attention（注目）→ Interest（興味）→ Desire（欲求）→ Action（行為）による消費者の反応プロセスが適切である。

　新聞や雑誌などでブランドの特徴を伝える場合には、広告接触から購買までの時間を考慮して、AIDA モデルに記憶（Memory）を加えた、AIDMA モデル、すなわち Attention（注目）→ Interest（興味）→ Desire（欲求）→ Memory（記憶）→ Action（行為）による消費者の反応プロセスが適切である。

　近年はインターネットを使った消費者の情報探索（Search）や情報共有（Share）を考慮した、AISAS モデル、すなわち Attention（注目）→ Interest（興味）→ Search（探索）→ Action（行為）→ Share（共有）が提示されている。

【問題　53】（P. 191 〜 194）　正解　イ

解　説

　マーケティング・ミックスのうち、プロモーションとして企業が利用可能なコミュニケーション手段は、主に広告、セールス・プロモーション、人的販売、パブリシティである。以下では、それぞれについて説明する。

● 広告
　広告には様々な形態があるため、一概には言えないが、多くの人に素早く

伝えることができ、文字、音、映像などを用いて表現豊かに演出することができる。製品やブランドのイメージを長期的に作り上げるのに効果的である。

● セールス・プロモーション

　セールス・プロモーション（Sales Promotion：SP）は販売促進と呼ばれる。値引き、特別陳列、プレミアム（おまけ）などがこれに該当する。セールス・プロモーションは消費者の注意を引きつけ、購買を促すことができるが、短期的には非常に効果があるものの、長期的にブランドイメージを形成するにはあまり効果的ではない。

● 人的販売

　人的販売は流通業者への営業活動や店頭での接客を指す。相手の反応を見て対応できるため、顧客の選好、理解、行動などを形成するのに効果的である。

● パブリシティ

　パブリシティは新製品発売のニュース・リリースなどを指す。リリース情報がテレビや新聞などのマスコミで扱われると、消費者に信頼性の高い情報として受け入れられる。メディア使用料は基本的に無料であるため、費用対効果の高いコミュニケーション手段といえる。

【問題　54】（P. 202 ～ 203）　正解　イ

解　説

　プッシュ戦略とは、自社の営業や流通業者向けの販売促進費を投入することによって、流通業者に対して、消費者に向けて自社製品をプロモーションし、購買するように促すコミュニケーション戦略である。人的販売、アローワンス、販売助成などの流通業者に向けたコミュニケーションを行うためのツールが用いられる。

　消費者がブランド間の差異を明確に知覚できない場合や、差異を知覚していたとしても購買に対する関与が低い場合に有効である。

【問題　55】（P. 202～203）　正解　ウ

解　説

　プル戦略とは、広告を中心に消費者に自社製品に対する強いブランド選好を
もたせ、消費者に店頭で指名買いをさせることによって、流通業者からの注文
を引き出すコミュニケーション戦略である。広告、パブリシティ、試供品配布、
ダイレクトメールなど、消費者に対して直接コミュニケーションが可能なツー
ルが用いられる。

　消費者がブランド間の差異を明確に知覚できる場合や、購買に対する関与が
高い場合に有効である。

【問題　56】　正解　エ

解　説

　統合型マーケティング・コミュニケーション（Integrated Marketing
Communications：IMC）は、企業が発信するメッセージを一貫して消費者に伝
えるために、消費者と接触する可能性のある、あらゆるコミュニケーション手
段を統合的に管理しようとする考え方である。IMC が従来のコミュニケーショ
ンと異なる点として、以下の4点が挙げられる。

① コミュニケーションの受け手の視点を重視している点

　　テレビなどの特定のコミュニケーション手段ありきではなく、受け手に
　とって「どんなメッセージで、いつ、どこで、どのようなメディアであれば
　受け入れやすいか」という発想に基づき、コミュニケーション戦略の構築を
　図る。

② 長期的効果を目的としている点

　　閲覧率などの即時的効果を目的とせず、最終的に消費者の行動にどのよう
　な影響を与えたか、特定の顧客との関係性を築くことができたかなどの長期
　的効果を志向する。

③ あらゆるコミュニケーション手段を全て組み合わせる点

　　製品、価格、流通チャネルをも重要なコミュニケーション手段として、統
　合的に組み合わせることを志向する。

④ 戦略的に統合するためのプロセスを重視している点

　　ブランドの一貫したイメージを伝えるために、広告表現だけでなく、製品の外見、パッケージ、価格、販売店のタイプ、店頭での陳列方法などが統一的に管理される。

　　IMC が重視されるようになった背景には、セールス・プロモーションなどの広告以外のコミュニケーション手段が重要視されるようになってきた経緯がある。また、POS データやスキャンパネルデータや、ポイントカードデータなどの顧客の購買履歴データの活用が進み、コミュニケーション効果の精緻な分析が可能になったことも背景のひとつとして挙げられる。

【問題　57】　正解　ア

　解　説

　　精緻化見込みモデルは、企業から発せられる説得的コミュニケーションに対して、消費者が考えようとする動機があるのかどうか、考える能力や知識があるかどうかによって、広告に対する情報処理のされ方が異なることを示したモデルである。企業の説得的コミュニケーションとは、企業が広告などを利用して、消費者の行動や意識を企業の狙った方向に変化させることを意図したコミュニケーションである。

　　企業からの説得的コミュニケーションに対して、消費者が考えようとする動機があり、また考える能力や知識がある場合、消費者は広告に対して中心的処理と呼ばれる情報処理を行う。中心的処理とは、認知的処理とも呼ばれ、広告のメッセージの内容それ自体を精査する情報処理である。したがって、この場合、製品の機能面を訴求する広告表現を用いる。

　　一方、企業からの説得的コミュニケーションに対して、消費者が考えようとする動機がなく、また考えようとする動機があっても考える能力や知識がない場合、消費者は広告に対して周辺的処理と呼ばれる情報処理を行う。周辺的処理とは、感情的処理とも呼ばれ、広告のイメージなどでメッセージに結びついた手がかりだけを認識する情報処理である。この場合、広告に出演している人の信頼度や BGM の良さなどを強調する広告表現を用いる。

テーマ⑦

コミュニケーション戦略

【問題　58】　正解　ウ

解　説

　セールス・プロモーション（SP）の効果を測定する際には、「先食い現象」と「共食い現象」の2つの現象があることに留意する必要がある。以下では2つの現象を説明する（図表⑦-1「先食い現象と共食い現象の比較」を参照）。

● 先食い現象

　先食い現象とは、図表⑦-1に示した通り、セールス・プロモーション実施期間中は売上が増加するものの、<u>セールス・プロモーションの終了とともに売上の水準が実施前に比べて低くなる現象</u>である。特売など価格の安いときに購入しようと考えた消費者が買い溜めすることによって起こる現象であり、将来の需要を先に食べてしまうという意味で「先食い現象」と呼ばれる。

● 共食い現象

　共食い現象とは、<u>セールス・プロモーションの実施期間中にその対象となる商品の売上が増加している一方で、セールス・プロモーションを実施していない商品の売上が低下してしまう現象</u>である。自社の売上に貢献しうる他商品の需要を食べてしまうという意味で「共食い現象」と呼ばれる。

　共食い現象ではセールス・プロモーションを実施していない商品の売上減によってトータルの売上が伸びず、セールス・プロモーションの貢献が見られないということがある。

図表⑦-1「先食い現象と共食い現象の比較」

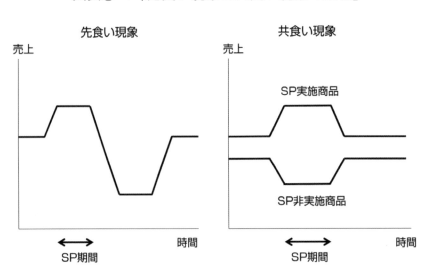

テーマ ⑧
チャネル戦略

製品を市場に展開するためのチャネル（流通）戦略では、メーカー・生産者、商業者、消費者などの関係について理解する必要があります。チャネル構造の変化は、各企業のマーケティング戦略に大きな影響を与えます。

テーマ⑧では生産と消費をつなぐ流通の基本的な考え方に触れ、製造業者と流通業者の関係性などを学習します。

【問題　59】　流通の形態

生産と消費をつなぐ「流通の形態」について説明した、以下の文章の空欄を埋める適切な用語の組み合わせを選びなさい。

生産者が消費者に直接販売する形態を（　①　）流通という。一方、生産者と消費者との間に第三者が介在する形態を（　②　）流通という。（　②　）流通において介在する第三者は一段階のみの場合もあれば、多段階にわたる場合もある。この第三者のことを（　③　）といい、流通のうちで（　③　）が担う活動を（　④　）という。

ア．①直接　②間接　③仲介者　④商業
イ．①間接　②直接　③商業者　④商談
ウ．①直接　②間接　③商業者　④商業
エ．①間接　②直接　③仲介者　④商談

【問題　60】　商業者の存在意義

商業者の存在は様々なコスト削減を可能にする。このコスト削減を説明した文章として誤っているものを、以下のア〜エの中から選びなさい。

ア．商業者の介在によって、生産者と消費者の取引総数が削減される。
イ．商業者に情報が集中することで、生産者と消費者の情報収集・分析のコストが削減される。
ウ．商業者が集中して在庫をもつことで、生産者の在庫の重複部分が削減される。
エ．取引数削減の原理によると、商業者の介在による取引総数は「生産者と消費者の数を足して、商業者の数で割る」という計算式で算出される。

小売業態発展の理論である「小売の輪仮説」について説明した文章のうち、下線が正しいものには○、誤っているものには×とした場合、以下のア〜エの中から適切なものを選びなさい。

「小売の輪仮説」では、新しい業態は（a）低コスト・低価格化を可能にする流通の技術革新に基づいて参入する。新業態は既存業態と比べて優位な地位にたつことから、（b）革新を模倣するものが現れる。その結果、新業態は普及することになるが、それは業態内での企業間競争、とりわけ（c）PR競争の激化をもたらす。そこから抜け出すために、業態内の企業から（d）消費者向けサービスの強化を図るものが出てくる。

ア．（a）×　⇒（b）×　⇒（c）○　⇒（d）×

イ．（a）○　⇒（b）×　⇒（c）○　⇒（d）×

ウ．（a）×　⇒（b）○　⇒（c）×　⇒（d）×

エ．（a）○　⇒（b）○　⇒（c）×　⇒（d）○

【問題　62】　真空地帯仮説

小売業態発展の理論である「真空地帯仮説」について説明した文章のうち、下線が正しいものには○、誤っているものには×とした場合、以下のア〜エの中から適切なものを選びなさい。

「真空地帯仮説」では、価格的要素と非価格的（サービス）要素が（a）トレード・オフの関係にあるとし、（b）中価格・中サービスの領域において、新業態が登場すると考える。多くの需要は（c）低価格・低サービスまたは高価格・高サービスに集中することから、既存の業態もそうした価格・サービス水準を提供するポジショニングを取ろうとする。そのため、競合が少ない「真空」部分が、(d)新規参入しやすい環境となる。

ア．(a) ○　⇒　(b) ×　⇒　(c) ×　⇒　(d) ○

イ．(a) ○　⇒　(b) ×　⇒　(c) ○　⇒　(d) ○

ウ．(a) ×　⇒　(b) ○　⇒　(c) ×　⇒　(d) ×

エ．(a) ×　⇒　(b) ○　⇒　(c) ×　⇒　(d) ○

【問題　63】　HHI（ハーシュマン・ハーフィンダール指数）

業界全体の競争状況を測るための指標であるHHI（ハーシュマン・ハーフィンダール指数）を説明した文章として正しいものを、以下のア〜エの中から選びなさい。

ア．一企業の独占状態が小さいと、HHIは大きくなる。

イ．2社のシェアが50％、50％の場合、HHIは 50 + 50 = 100 となる。

ウ．3社のシェアが70％、20％、10％の場合、HHIは、70 × 20 × 10=14000 となる。

エ．各企業のシェアの格差が大きく、市場に参加する企業が少ないほど、HHIは大きくなる。

【問題　64】　製造業のチャネル戦略

製造業のチャネル戦略について説明した文章として誤っているものを、以下の
ア〜エの中から選びなさい。

ア．チャネルとは、製造業者が製品を消費者まで届けるルートのことである。

イ．チャネル設計とは、どのように流通業者をコントロールするのかという
　　ことを指す。

ウ．チャネル設計の第一歩は、ターゲット顧客の購買にフィットする小売業
　　態を選択することである。

エ．目標を達成するために、周囲の環境を配慮して、シナリオを設定するこ
　　とをチャネル戦略という。

【問題　65】　チャネル構造

チャネル構造について説明した文章として正しいものを、以下のア〜エの中か
ら選びなさい。

ア．チャネル構造における「長さ」とは、製品を配荷する小売店舗数を指す。

イ．チャネル構造における「広さ」とは、小売店に達するまでに介在する卸
　　売業者の段階数を指す。

ウ．買回品は消費者が複数の店舗を探索するために、最寄品と比べてチャネ
　　ルは広くなる。

エ．専門品は単一の製造業者の製品のみを取り扱う専売店が多いため、買回
　　品と比べてチャネルは狭くなる。

テーマ⑧

チャネル戦略

【問題 66】 製品分類とチャネルの開放度

製品分類とチャネルの開放度の関係を説明した文章として正しいものを、以下のア～エの中から選びなさい。

ア．最寄品の場合、消費者が入手できる可能性を高めるために「開放的流通」を採用する。

イ．買回品の場合、適切な流通業者を選択するために「排他的流通」を採用する。

ウ．専門品の場合、流通業者が競合ブランドを取り扱うことを制限する「選択的流通」を採用する。

エ．チャネルの広さと開放度が決まると、長さも決まる。一般的にチャネルが広くなると、チャネルの長さは短くなる。

【問題 67】 製造業者と流通業者の対立

取引関係を結ぶ、製造業者と流通業者の間で生じる対立を説明した文章として誤っているものを、以下のア～エの中から選びなさい。

ア．製造業者は高く売りたいが、流通業者は安く買いたいと思うため対立が生じる。

イ．製品の売れ残りまたは欠品による機会損失など、市場リスクの分担をめぐって対立が生じる。

ウ．製造業者と流通業者では、店舗内のデザインやレイアウトをめぐって対立が生じる。

エ．流通業者は買い手に魅力的な品揃えを望むが、製造業者は自社製品の取り扱いを望むため対立が生じる。

製造業者のパワーの源泉のうち「パワー基盤」を説明した文章として<u>誤っているもの</u>を、以下のア～エの中から選びなさい。

　ア．製造業者が持つパワー基盤は、経済的パワー基盤と非経済的パワー基盤
　　　に分かれる。
　イ．パワー基盤のうち「正統性」は、経済的パワー基盤に含まれる。
　ウ．パワー基盤のうち「専門性」は、非経済的パワー基盤に含まれる。
　エ．製造業者がパワー基盤を持つ場合、流通業者に対してパワーを行使できる。

製造業者のパワーの源泉のうち「取引依存度」を説明した文章として<u>誤っているもの</u>を、以下のア～エの中から選びなさい。

　ア．取引依存度は、2社間の関係の属性である。
　イ．仕入れ依存度より販売依存度が上回る場合、売り手の製造業者は買い手
　　　の小売業者にパワーを行使できるようになる。
　ウ．製造業者と流通業者のパワー関係に影響を与えるのは、パワー基盤と取
　　　引依存度である。
　エ．販売・仕入れに際して、一社に集中することは取引依存度を高めること
　　　になる。

テーマ⑧

チャネル戦略

【問題　59】　正解　ウ

解　説

　流通が生産と消費をつなぐ形態は、「直接流通」と「間接流通」がある。

　生産者が消費者に直接販売する形態を「直接流通」と呼び、生産者と消費者との間に第三者が介在する形態を「間接流通」と呼ぶ。間接流通において介在する第三者は一段階のみの場合もあるし、多段階にわたる場合もある。この第三者のことを商業者（＝商人）といい、流通のうちで商業者が担っている活動を商業という。

　商業者の活動の中心は、仕入れ・販売活動（再販売活動）である。したがって、利益の源泉は仕入れ価格と販売価格の差（売買差益）にある。そのため、商業者にとっての最大の関心事は、自ら品揃えした商品をできるだけ多く消費者に購入してもらうことにある。

【問題　60】（P. 268）　正解　エ

解　説

　商業者の存在意義は社会全体にかかわる様々なコスト削減にある。商業者が得る利益は、コスト削減を可能にする活動への報酬と考えることができる。このようなコスト削減の論理は、以下の3つの側面で説明される。

① 取引数削減の原理

　商業者が介在することにより、生産者と消費者の取引総数が削減され、コスト削減となる。例えば、生産者の数を10、消費者の数を20、商業者の数を2と仮定する。直接流通の場合、取引総数は10 × 20 = 200となる。これに対して、間接流通の場合、取引総数は2（10 + 20）=60となる。取引総数は生産者と消費者の数を足して、商業者の数で割るのではなく、商業者の数を掛けたものが正しい。したがって、選択肢エが誤りとなる。

② 情報縮約・整合の原理

　商業者に情報が集まることにより、生産者と消費者の情報収集・分析に関

するコストが削減される。商業者は多数の生産者の商品を取り扱うため、商業者のもとには生産者や商品に関する情報が集中する。また、商業者の品揃えは消費者の需要動向を反映したものであることから、消費者の需要に関する情報も商業者に集中する。

③ 集中貯蔵の原理

　商業者が集中して在庫をもつため、生産部門全体の在庫に関するコストが削減される。生産者にとって需要は変動があるため、需要の増加または減少に対処するためには、誰かが在庫を抱える必要がある。直接流通では、生産部門全体で在庫を抱えるためにかなりの在庫規模となる。それに対して間接流通では、商業者が集中して在庫をもつことが可能となるため、生産部門全体の在庫の重複部分が削減される。

【問題　61】（P. 220）　正解　エ

解　説

　小売業態の盛衰の背景について明らかにしようとするのが、小売業態発展の理論である。1957年にマクネア（McNair,M.P）が、アメリカにおける小売業態発展の歴史を踏まえて提唱した理論が「小売の輪仮説」である。小売の輪仮説は、以下の①〜④の順番で説明される。

① 新しい業態は低コスト・低価格化を可能とする流通の技術革新に基づいて参入する。
② 新業態は既存業態と比べて優位な地位にたつことから、革新を模倣するものが現れる。
③ ②の結果、新業態は普及することになるが、業態内での企業競争、とりわけ価格競争の激化をもたらす。
④ ③から抜け出すために、業態内の企業の中から、非価格的要素、すなわち消費者向けサービスの強化を図るものが出てくる。

　こうして、低コストの革新者が高コストの業態に転化してしまうことから、新たな流通技術によって低コスト化を可能にする革新者が参入してくることになる。こうしたことが「輪」のように繰り返されることによって、小売業態は

発展・進化するとしている。

【問題　62】（P. 265）正解　ア

解　説

「小売の輪仮説」と並んで、小売業態発展の理論として代表的な仮説が、1966年にニールセン（Nielsen,O.）が発表した「真空地帯仮説」である。真空地帯仮説は、以下の①〜④の順番で説明される。

① 価格的要素と非価格的（サービス）要素はトレード・オフの関係にあるとする。
② 低価格・低サービスと高価格・高サービスの領域において新業態は登場する。
③ 多くの需要は中価格・中サービスに集中することから、既存の業態もそうした価格・サービス水準を提供するポジショニングを取ろうとする。
④ ③の結果、低価格・低サービスと高価格・高サービスの領域が、競合の少ない「真空」部分となり、新規参入しやすい環境となる。

小売の輪仮説では高コスト・高価格の新業態（コンビニエンス・ストア）が成功する論理について説明できなかったが、真空地帯仮説ではその点を射程に入れた論理となっている。

【問題　63】（P. 52 〜 53）正解　エ

解　説

HHI（ハーシュマン・ハーフィンダール指数）とは、業界全体の競争状態を測るために使われる指標である。計算式は各企業のシェア（％）の2乗を足し合わせたもので、HHI の最大値は 10000（=100²）である。一企業の独占状態が進むと、HHI は大きくなる。

選択肢の解答として、2社のシェアが50％、50％の場合、HHI は $50^2 + 50^2 = 5000$ となる。また、3社のシェアが70％、20％、10％の場合、HHI は $70^2 + 20^2 + 10^2 = 5400$ となる。

公正取引委員会では HHI を合併審査基準に利用しており、HHI 1500 以下を

独占禁止法上、問題のない水準の一つとしている。各企業のシェアの格差が大きく、市場に参加する企業が少ないほど、一企業の独占状態が大きくなるため、HHI は大きくなる。

【問題 64】（P. 223）正解 イ

解 説

「チャネル」とは、製造業者が製品を消費者まで届けるルートのことである。「チャネル戦略」とはある企業が目標を達成するために、周囲の環境を考慮して、適切なシナリオを設定することである。チャネル戦略には「チャネル設計」と「チャネル管理」がある。

チャネル設計とは、<u>製造業者が消費者までどのようなルートを通して製品を届けるか、チャネルの形を設計すること</u>であり、チャネル管理とは<u>どのように流通業者をコントロールする</u>かを指す。選択肢イは「チャネル設計」ではなく、「チャネル管理」であるため、誤りである。

チャネル設計の第一歩は、ターゲットとなる顧客の購買にふさわしい小売業態を選択することである。小売業態を選択するということは、消費者にどのような販売サービスを付加して製品を販売するかを決定するということでもある。この決定を経て、製造業者から小売業者までのルートが設計されることになる。

【問題 65】（P. 224 〜 226）正解 エ

解 説

チャネル構造には「長さ」と「広さ」がある。チャネル構造における「長さ」とは、小売店に達するまでに介在する卸売業者の段階数を指す。一方、チャネル構造における「広さ」とは、製品を配荷する小売店舗の数を指す。この「広さ」は消費者の購買行動に基づいた製品分類によって、いくつかの特徴がある（製品分類は最寄品・買回品・専門品と区分される。問題 35 の解説を参照）。以下では製品分類からみた、チャネル構造における「広さ」の特徴を説明する。

① 最寄品とは消費者が購入に際して、時間や費用を掛けたくないと考えるタイプのものであり、一般的に消費者の最寄の店舗で販売される。そのため

消費者が入手しやすい店舗に置かれることから、最寄品を置く小売店は増加し、結果としてチャネルは広くなる。

② 買回品とは消費者が複数の店舗を探して、望みの製品を購入しようとするタイプのものである。消費者は買回るための時間や費用を掛けても構わないと思っているため、小売店は少なくて済み、結果としてチャネルは狭くなる。

③ 専門品とは一般的に手に入りづらく、消費者が前もって購入したいブランドを決めているタイプのものである。この場合、単一の製造業者の製品のみを取り扱う専売店が大半を占めるため、結果として最もチャネルが狭くなる。

【問題 66】（P. 224～226）正解 ア

解 説

チャネルの広さは、消費者の購買行動やそれに基づくマーケティングの製品分類によって特徴がある。また、製品分類はチャネルの広さだけでなく、チャネルの開放度にも関連している。以下では製品分類に基づいて、チャネルの開放度について説明する。

① 最寄品の場合、消費者が製品をどこでも手に入れられるようにするために、できるだけ多くの流通業者に製品を流している。このことを「開放的流通」と呼ぶ。開放的流通では、消費者が入手できる可能性を高めるが、多くの店舗に商品が行き渡るため、自社ブランドの売買の状態を把握したりコントロールすることは難しくなる。

② 買回品の場合、消費者が製品の比較をできるように、流通業者による競合ブランドの取り扱いを制限しないが、適切な流通サービスを提供できるように、流通業者を選択する。このことを「選択的流通」と呼ぶ。

③ 専門品の場合、独占的に販売をするため、流通業者に自社製品の知識をもたせて販売に専念させる。このため、流通業者が競合ブランドを取り扱うことを制限する。このことを「排他的流通」と呼ぶ。

チャネルの広さと開放度が決まると、それに対応して長さも決まってくる。

一般的に、チャネルの広さとチャネルの長さは比例するため、チャネルが広くなると（チャネルの長さは）長くなる。製造業者が数多くの小売業者に製品を配荷する場合、卸売業者を介在させた方が取引総数は減少するので、全体的にコスト削減となる。

【問題 67】（P. 228 〜 229）正解　ウ

解　説

　取引関係を結ぶ製造業者と流通業者の間には、対立関係が生じる。その原因は以下の3つである。

① 売買関係がもたらす対立

　　製造業者は高く売りたいのに対し、流通業者は安く買いたい。そのため、取引がもたらす利益の確保をめぐって対立が生じる。

② 市場リスクの分配

　　見込み生産された製品は、売れ残るかもしれないし、売れすぎて欠品して機会損失を招くかもしれない。こうした市場リスクの分担をめぐって対立が生じる。

③ 品揃えの齟齬（そご）

　　製造業者は自社製品の取り扱いを望むが、流通業者は買い手が魅力的な品揃えを望む。こうした品揃えの競争をめぐって対立が生じる。

　店舗内のデザインやレイアウトの多くは流通業者の課題であるため、製造業者と流通業者の対立を招くものとはならない。

【問題 68】（P. 229 〜 231）正解　イ

解　説

　製造業者は流通業者との対立を抑制するために、パワーを用いる。パワーとは「ある主体Aが、別の主体Bの行動を変化させる能力」を指す。

　製造業者のパワーの源泉には、3つのタイプがある。「**市場支配力**」「**パワー基盤**」「**取引依存度**」である。これらのうちパワー基盤とは、企業がもつ経営基盤のことであり、**経済的パワー基盤**と**非経済的パワー基盤**に分かれる。

テーマ⑧

チャネル戦略

● 経済的パワー基盤

「報酬（価格決定権やリベート決定権をもつ）」「制裁（取引の拒絶や縮小の権限をもつ）」の２タイプである。

● 非経済的パワー基盤

「専門性（すぐれた能力や情報をもつこと）」「正統性（取引が公正に行われていること）」「帰属意識（取引相手が一体感を感じること）」の３タイプある。

製造業者がパワー基盤を持つ場合、流通業者に対してパワーを行使できる。逆に、流通業者がパワー基盤を持つ場合、製造業者に対してパワーを行使できる。

【問題　69】（P. 229 ～ 231）正解　イ

解　説

製造業者のパワーの源泉のうち「**取引依存度**」に関する問題である。取引依存度とは、売り手（買い手）が販売（仕入れ）に際して、全体の取引量のうち、どの程度を特定の相手との取引からまかなっているかを示したものである。パワー基盤は個々の企業がもつ経営基盤のことであるが、取引依存度は２社間の関係の属性である。

例えば、製造業者が販売量の80％を特定の小売業者に販売している場合、製造業者の小売業者への販売依存度はかなり高いことになる。一方、小売業者が製造業者から３％しか仕入れていない場合、小売業者の製造業者への仕入れ依存度は低い。このように、仕入れ依存度より販売依存度が上回る場合、売り手の製造業者は買い手の小売業者よりも「取引依存度が高い」ことになる。このような場合、小売業者は製造業者に対してパワーを行使できるようになる。販売・仕入れに際して、一社に集中することは取引依存度を高めることになり、パワー関係で自社の立場を弱める可能性があるため、分散させる必要がある。

製造業者と流通業者の１対１のパワー関係に影響を与えるのは、パワー基盤と取引依存度である。製造業者は、これら２つを変化させずにパワーだけを行使することはできない。

テーマ ⑨
サービス・マーケティング

1990 年代の初め、GE の CEO であったジャック・ウェルチは "Sell solution, not just the box" とのスローガンを掲げ、サービス事業の重要性を訴えました。今日では多くの業界で、「サービス」視点のマーケティングが取り入られています。

テーマ⑨ではサービス・マーケティングの基本的な考え方を学習します。

テーマ⑨ サービス・マーケティング

【問題 70】 サービス・スペクトラム

サービス・マーケティングでは物財（有形性）とサービス（無形性）の違いを明らかにするために、「サービス・スペクトラム」（Service Spectrum）という考え方が提案された。有形性の側面が強い商品から並べた順のうち正しいものを、以下のア〜エの中から選びなさい。

ア．(1) 自動車 (2) 教育　(3) 広告 (4) 食塩
イ．(1) 食塩　 (2) 広告　(3) 教育 (4) 自動車
ウ．(1) 自動車 (2) 食塩　(3) 教育 (4) 広告
エ．(1) 食塩　 (2) 自動車 (3) 広告 (4) 教育

【問題 71】 サービスの基本特性

サービス・マーケティングでは「サービス」の有する基本特性が示されている。サービスの品質について説明した文章として誤っているものを、以下のア〜エの中から選びなさい。

ア．パソコンなどの有形物で、ある程度サービスの品質を購入前に判断できるものを「判断品質」と呼ぶ。
イ．飲食店のように料理の味を食べてみないと分からないものを「経験品質」と呼ぶ。
ウ．病院のように診療を受けた後でも効果が判然としないものを「信頼品質」と呼ぶ。
エ．サービスそのものの効果が判断できない場合、サービスが提供される過程で感じるものを「過程品質」と呼ぶ。

【問題 72】 サービスの基本特性（協働性）

サービスの基本特性のうち「協働性」を示した例として誤っているものを、以下のア〜エの中から選びなさい。

　ア．飛行機のチェックインカウンターでは、搭乗者が手続きのために列をつくる。
　イ．大学の講義では、学生の授業態度がその成果を大きく左右する。
　ウ．同じ料理を注文しても、店舗や調理者によって味に違いがでる。
　エ．美容室の美容サービスの結果は、顧客の要望の伝え方によって変わる。

【問題 73】 サービス・マーケティング戦略の基本類型

サービスのマーケティング戦略の基本的な枠組みは4類型ある。この4類型の具体例として正しいものを、以下のア〜エの中から選びなさい。

　ア．ルール・クラブ型　　➡　　会員制バー
　イ．プロセス・クラブ型　➡　　大学
　ウ．ルール・オープン型　➡　　ファストフード
　エ．プロセス・オープン型➡　　遊園地

【問題 74】 サービス・エンカウンター

サービス・エンカウンターとは「顧客がサービスに直接触れる場面」を指す。このサービス・エンカウンターに関する文章として<u>誤っているもの</u>を、以下のア～エの中から選びなさい。

ア．ヤン・カールソンの「moment of truth」は、「顧客の心をつかむ瞬間」という意味である。

イ．ヤン・カールソンは顧客と従業員の接触する瞬間が、顧客満足と企業イメージを形成すると考えた。

ウ．優れたサービス・エンカウンターでは、スピード、的確さ、誠実な対応などが求められる。

エ．優れたサービス・エンカウンターでは、接客員がいつでも周囲に判断を仰ぐことができる体制作りが必要である。

【問題 75】 サービス・プロフィット・チェーン

サービス・マーケティングのうち「サービス・プロフィット・チェーン」の考え方を説明した文章として正しいものを、以下のア～エの中から選びなさい。

ア．顧客ロイヤリティの高さによって、従業員の満足を高めることができ、企業の成長を促すことができる。

イ．高度な顧客対応能力をもつ従業員を確保するためには、何よりもまず従業員満足が大事である。

ウ．従業員の定着率や生産性では、サービスの価値は測れない。

エ．従業員の満足と顧客の満足をつなげて考えるのではなく、独立した指標として捉えるべきである。

【問題 76】 サービス・トライアングル

サービス・マーケティングの考え方のうち、「サービス・トライアングル」に関して記述した、以下の文章に当てはまる適切な用語の組み合わせを選びなさい。

サービス・マーケティングを成功させるために、3つの領域を統合的にマネジメントして、全体最適が達成されなければならない。（　①　）・マーケティングは、企業がマーケティング・ミックスを用いて、顧客対応を図る従来のマーケティングである。（　②　）・マーケティングは従業員満足をつくりだし、顧客志向を実践させるためのマーケティングである。（　③　）・マーケティングは高品質のサービスを生み出すために、従業員と顧客の相互作用を生み出すためのマーケティングである。

ア．①エクスターナル　　②インターナル　　③インタラクティブ

イ．①インターナル　　②インタラクティブ　③エクスターナル

ウ．①インタラクティブ　②インターナル　　③エクスターナル

エ．①エクスターナル　　②インタラクティブ　③インターナル

テーマ⑨　サービス・マーケティング

テーマ ⑨ 解答

【問題 70】（P. 243〜244） 正解 エ

解 説

　ショスタック（G.L.Shostack）は、物財とサービスの違いを明らかにするために、「サービス・スペクトラム」（Service Spectrum）という考え方を提示した。この考え方では、マーケティングの対象となる提供物が、無形性の優勢なサービスから、有形性の優勢な物財まで一つの連続体として並べられている（図表⑨-1「有形性／無形性の程度によるサービス分類」を参照）。

　自動車や化粧品などは有形性の側面が強いので、物財に分類される。それに対して、教育やコンサルティングは無形性の側面が強いので、サービスに分類される。マクドナルドなどのようなファストフードは、有形的要素（ハンバーガーなど）と無形的要素（接客サービス）が適度にミックスされているため、スペクトラムの真ん中に位置することになる。このように、一方の極には食塩のような物財を、もう一方の極には教育のようなサービスを位置づけることで、物財とサービスが連続的であることを示している。その上で、無形性に対する有形性の比率によって、提供物が物財であるのかサービスであるのかが決定されることになる。

　このような財とサービスの二分類に対して、「サービス主体論」（SDL：Service Dominant Logic）では、モノ主体発想（Goods-Based Logic）ではなく、サービス主体発想（Service-Based Logic）を問題解決のプロセスとして、マーケティングの枠組みを再構築することを主張している。

図表⑨-1「有形性／無形性の程度によるサービス分類」

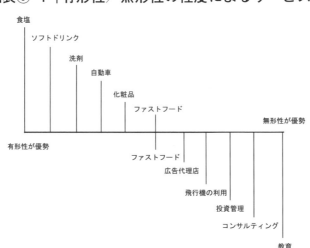

118

【問題　71】（P. 245〜248）　正解　ア

解　説

　サービスの基本特性のうち重要な特性として、「無形性」「品質の変動性」「協働性」「消滅性」などがある（「協働性」については問題72の解説を参照）。これらのうち「無形性」とは、サービスが物理的な形状をもたないということである。サービスは消費者が見たり、触れたりすることができないため、品質の評価が難しいという点で重要な意味をもつ。

　サービスの品質にはいくつかの種類があるため、以下に整理する。

① 経験品質・・・飲食店のように料理の味を食べてみないとわからないもの
② 信頼品質・・・病院のように診療を受けた後でも効果が判然としないもの
③ 過程品質・・・サービスそのものの効果が判断できない場合、サービスが提
　　　　　　　　供される過程で感じるもの（例えば、病院の医療サービスの
　　　　　　　　効果が良く分からない場合、医師や看護師の親切さや待合室
　　　　　　　　の快適さで、提供過程の質を評価・判断する）

　パソコンなどの有形物で、ある程度サービスの品質を購入前に判断できるものは「探索品質」と呼ばれる。そのため選択肢アが誤りである。

【問題　72】（P. 246〜248）　正解　ウ

解　説

　サービスの基本特性のうち「協働性」（同時性）に関する設問である。「協働性」とは、サービスが生産と消費を切り離すことができないということを示している。例えば、缶コーヒーの生産は工場で行われるが、消費は消費者の自宅や職場で行われる。それに対して、サービスは生産と消費が一体化している。選択肢ア、イ、エは「協働性」の例であり、選択肢ウは「品質の変動性」の例である。以下ではそれぞれの選択肢について説明する。
　選択肢アの例では、サービスの受益者である搭乗者が、提供されるサービスのプロセスに関与し、サービス提供者の作業を手助けしている。選択肢イとエ

の例では、サービスの成果が、サービスの受益者（ここでは学生であり、顧客である）の協力度や伝達能力に依存する。これらの例のようにサービスの生産と消費が完結するための「協働関係の構築」が、サービスがもつ「協働性」の特徴である。

　一方、「品質の変動性」とは、サービスの品質は常に一定ではなく、バラつきが出てしまうということを示している。有形物の品質は標準化できるが、大学の講義や美容室のサービスなどは人間の活動である以上、バラつきが出てしまう。

【問題　73】（P. 248 ～ 250）　正解　ウ

解　説

　サービス・マーケティング戦略の基本的な枠組みは、サービスの「協働関係の構築」の観点から２つの次元で分類することができる（図表⑨-2「サービス・マーケティング戦略の４類型」を参照）。以下では、その２つの次元を説明する。

　１つの次元は「買い手との関係づくりの手続き」に関するものである。ルール型サービスとプロセス型サービスに分類される。

● ルール型サービス
　あらかじめルールを設定し、それによって協働関係を特定した上で提供されるサービスである。例として、学校の授業で教員が教壇に立って講義計画に従って授業を行い、生徒は自分の席に座って話を聞きノートを取るという教育サービスが該当する。
● プロセス型サービス
　厳密なルールを設定せずに、状況に応じて柔軟な協働関係のなかで提供されるサービスである。例として、家庭教師が生徒に応じて話し合いながらサービス提供を応じるというものがある。

　もう１つの次元は「買い手との関係の範囲」に関するものである。クラブ型サー

ビスとオープン型サービスに分類される。

● クラブ型サービス

　　特定の買い手との長期的な関係のなかで提供されるサービスである。例として、フィットネスジムなどの会員制クラブや各種学校がある。

● オープン型サービス

　　不特定多数の買い手と単発的に関係を構築して提供されるサービスである。例として、映画館や遊園地がある。

　以上の「ルール型 ― プロセス型」「クラブ型 ― オープン型」の2つの次元を組み合わせることで、具体的なサービス提供の方法として、サービス・マーケティング戦略の枠組みが形成される。

図表⑨-2「サービス・マーケティング戦略の4類型」

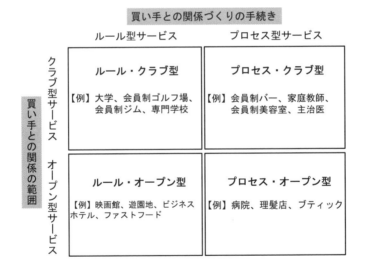

【問題　74】（P. 251 ～ 253）　正解　エ

解　説

　エンカウンターとは、出会い、遭遇といった意味であり、サービス・エンカウンターは顧客がサービスに直接触れる場面を指す。この概念は、スカンジナビア航空の社長であったヤン・カールソンの「moment of truth」という言葉に

よって注目されるようになった。「moment of truth」という言葉を直訳すると「真実の瞬間」となるが、ヤン・カールソンは「顧客の心をつかむ瞬間」という意味で用いた。彼は顧客と従業員が接触する瞬間こそが、顧客の心をつかむ決定的な瞬間であるとし、顧客満足と企業イメージを形成すると考えた。

この決定的な瞬間こそがサービス・エンカウンターであり、それを司るのは従業員、特に顧客と直接接触する接客員である。優れたサービス・エンカウンターでは、スピード、的確さ、誠実な対応などが求められる。接客員がこうした顧客対応をできるようにするためには、優れた人材を採用し、教育することが大事である。その上で、接客員が自ら適切な判断を下して即座に行動できるように、エンパワーメント（権限移譲）することが必要となる。

【問題　75】（P. 253）　正解　イ

解　説

サービス・プロフィット・チェーンとは、企業の収益性や成長性を促すためには、まず従業員の満足を高める必要があることを示したものである（図表⑨-3「サービス・プロフィット・チェーン」を参照）。

この概念では、高度な顧客対応能力をもつ従業員を確保するために、まず従業員の満足が必要と考える。満足した従業員は生産性や定着率が高く、顧客対応のスキルやノウハウを高める。これによりサービスの価値が向上すれば、顧客満足が高まり、結果として顧客ロイヤルティを確保することができる。これが最終的には、企業の収益性や成長性を高めることになる。

図表⑨-3「サービス・プロフィット・チェーン」

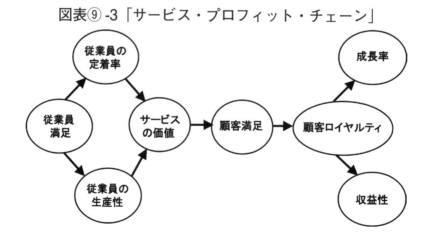

【問題　76】（P. 253～255）　正解　ア

　サービス・マーケティングの成否には、サービスを受ける顧客や、顧客に接触する従業員の存在が大きく関係する。そのため、質の高いサービスを提供するために「企業」「従業員」「顧客」の３者間の良好な関係を構築しなければならない（図表⑨-4「サービス・トライアングル」を参照）。以下ではサービス・トライアングルの考え方について、それぞれの要素を説明する。

● エクスターナル・マーケティング

　外部マーケティングとも呼ぶ。顧客向けに製品の広告を計画したり、商品・サービスを購入しやすくするためにチャネル設計をしたりなど、マーケティング・ミックスによって顧客対応を図るマーケティングである。

● インターナル・マーケティング

　内部マーケティングとも呼ぶ。従業員満足をつくりだし、従業員に顧客志向を実践させるためのマーケティングである。サービスの提供において、実質的に顧客に接するのは従業員である。そのため、従業員の質が高くなければ、顧客サービスの品質を高めることはできない。

● インタラクティブ・マーケティング

　高品質のサービスを生み出すために、従業員と顧客の相互作用を操作するためのマーケティングである。サービス・マーケティングではとりわけ従業員と顧客との関係が大事である。サービスの提供において、実質的に顧客に接するのは従業員だからである。具体的な内容として、従業員の顧客への接し方の管理や相互作用の場の雰囲気づくりに加え、顧客の活動を望ましい方向に誘導するためのルールを提示したり、場合によっては教育したりすることも含む。

　インターネット普及以降は消費者に個別の情報提供するなど、個々への対応が進化している。今日 SNS などソーシャルメディアは無視できないほどの影響力を持つに至っている。

図表⑨-4「サービス・トライアングル」

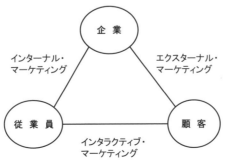

☕ コーヒーブレイク：サービス・マーケティング編
「パッケージとしての商品」という考え方

　私たちが航空サービスを利用するとき、どのようなサービスを受けるでしょうか。まずチェックインするためにカウンター（または機械）を利用します。チェックインの時には荷物を預けることができ、機内に入ればシートに備えつけられた画面で、映画や音楽を鑑賞することができます。時には無償で飲食物が提供されることもあります。このように航空サービスは、飛行機で目的地まで向かうことができるだけでなく、様々な場面から成り立つ商品として考えることができます。

　サービス・マーケティングにおいて、商品の構成要素は、下記の図のように「価値の源泉」としての財（有形物、情報、サービス）、「売買の対象」としての権利（所有権、使用権）で区分されます。サービスはこれらの要素が組み合わせて出来る、「パッケージとしての商品」として捉えられることは重要な考え方です。例えば、上記の「航空サービス」の例をそれぞれの場面に分けて考えると、下記の要素に分類することができます。

※ チェックインするためにカウンターを利用する、また荷物を預ける（サービス使用権）

※ 機内で映画や音楽を鑑賞する（情報使用権）

※ 機内で食事が提供される（有形物所有権）

　ホテルの利用を考えてみると、多くの部分は有形物使用権が占めますが、私たち消費者は「宿泊サービス」を利用したと捉えます。このようにサービスが様々な要素から成り立つ「パッケージとしての商品」であるという考え方は、「宿泊サービス」「飲食サービス」など多くのサービスの事例で該当します。

図：商品の構成要素

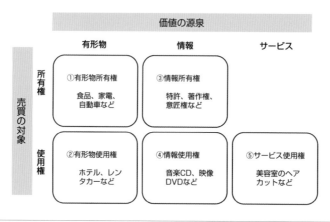

【参考文献】

● (公社) 日本マーケティング協会「ベーシック・マーケティング - 理論から実践まで」
　同文舘出版

● (公社) 日本マーケティング協会「ベーシック・マーケティング第2版」同文舘出版

●小川孔輔（2009）「マーケティング入門」日本経済新聞出版社

●田村正紀（1998）「マーケティングの知識」日本経済新聞社

● Bearden, W.O. & Etzel, M.J. 1982. Reference group influence on product
　and brand purchase decisions. Journal of Consumer Reserch, 9, pp.183-194.

● Kahneman, D. and A. Tversky 1979 " Prospect Theory : An Analysisof
　Decision under Risk", Econometrica, March, pp.263-291

● Shostack,G.L. 1977 " Breaking Free from Product Marketing."
　Journal of Marketing,41(April),pp.73-80

● Trope, Y. and N. Liberman, 2003 .Temporal construal.
　Psychological Review 110(3), pp403-421.

索　引

■ ベーシック・マーケティング(第2版)
＜Amazon、出版社・同文舘出版で購入可能＞

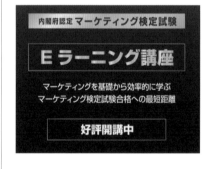

公益社団法人日本マーケティング協会のマーケティング・ベーシックコースの講師陣が執筆。マーケティングの専門知識を効果的・体系的に習得するための学習書です。各章の冒頭には、具体的な企業のミニ・ケースが掲げられており、マーケティングの基礎概念が実際にどのような意思決定の場面で役立つかをイメージしやすいように工夫しています。また各章のキーワードを簡単な解説を付して、巻末に50音順にまとめています。

出版社：同文舘出版㈱
価格：3,300円（税込）

■ Eラーニング講座
＜日本マーケティング協会 検定ホームページにて購入可能＞
URL: https://www.jma2-jp.org/marken/level3/e-learning

●マーケティング検定試験の合格に向けて、全領域を分かりやすく解説しています。
●豊富な図表による講義を通して、マーケティングの基礎をしっかり身につけることができます。
●各章のテストを試しながら、マーケティング検定試験の学習を効率的・効果的に進められます。

価格：
一般　11,000円（税込）
日本マーケティング協会会員社・学生　8,800円（税込）

JMA 教育研修コース

【全国】
『マーケティング・ベーシックコース』

講師:恩藏 直人氏 (早稲田大学 商学学術院 教授) ほか

夏期 水曜コース・木曜コース 6 月初旬 〜 7 月下旬(最終日は合同開催)

秋期 木曜コース・金曜コース 10 月中旬 〜 11 月下旬(最終日は合同開催)

1982 年から続く JMA の若手マーケター養成プログラム

内閣府認定『マーケティング検定』委員にも選定されている講師が直接指導

ハイブリッド開催で全国のマーケターと盛んな異業種交流が可能

詳細はこちら>> https://www.jma2-jp.org/education/basic

『マーケティング・マスターコース』

第一線で活躍する実務家の講師陣:約 60 名 (学術指導講師を含む)

講義期間:9 月初旬〜 翌年 7 月下旬

11 か月の長期間研修でマーケティングのあらゆる領域を徹底的に学ぶ。

マーケティングの力でビジネスを先導する人材となる中堅社員向け研修プログラム。

六本木の会場とオンラインライブのハイブリッド形式で開催。全国どこからでも受講可能です。

詳細はこちら>> https://www.jma2-jp.org/education/master

【関西支部】
『マーケティング・ベーシックコース関西』

講師:石井 淳蔵氏 (神戸大学 名誉教授) ほか

講義期間: 7 月初旬〜 9 月初旬

マーケティングの基礎理論とライブのケーススタディの両面から学ぶ研修

マーケティング理論を学びつつ実践し、実践しつつ学ぶ場を提供します。

詳細はこちら>> https://www.jma2-jp.org/education/basickansai

『マーケティング・マスターコース関西』

第一線で活躍する実務家の講師陣 (マイスター) :約 60 名 (学術指導講師を含む)

講義期間: 6 月上旬〜翌年 3 月中旬

マーケティング実務の観点から作られたプログラム、総合的なマーケティング力を養成

異業種交流による視野と知見の拡大によって、ビジネスを牽引する人材を関西から輩出しています。

詳細はこちら>> https://www.jma2-jp.org/education/masterkansai

【監修者紹介】

公益社団法人 日本マーケティング協会

昭和 32 年産学協同を掲げて設立以来、内外の新しいマーケティングの理論と技法の研究・普及に努め、その知見を会員企業が実践の場で最大限に生かすことで、日本のマーケティングの発展に多大な成果をあげてきた。法人会員社数 約 410 社（2024 年 2 月現在）。事業内容は、マーケティングの教育コースを中心とした人材育成、最新の研究成果と各種マーケティング情報誌の提供、各種研究会等の異業種交流、長期的観点に立っての課題研究、グローバル化の推進として、アジアマーケティング連盟での活動、アメリカマーケティング協会をはじめとする欧米のマーケティング関連団体との緊密な交流等、積極的な事業展開を行っている。

【著者紹介】

河野 安彦（こうの・やすひこ）

東京大学大学院修士課程修了。株式会社 MM 総研にて調査・コンサルティング業務に従事。その後、公益財団法人流通経済研究所にてマーケティング領域のコンサルティング・研究業務に従事。現在、公益社団法人日本マーケティング協会職員。

内閣府認定 マーケティング検定 3級試験 公式問題集＆解説 2024年-2025年度版

2024 年 3 月 19 日 初版第 1 刷発行

著 者　河野 安彦

発行者　高石 一朝

発行所　日本マーケティング協会出版部
　　　　〒 106-0032　東京都港区六本木 3-5-27 六本木山田ビル 9F
　　　　TEL：03-5575-2101　　FAX：03-5575-0626
　　　　https://www.jma2-jp.org

発売元　日販アイ・ピー・エス株式会社
　　　　〒 113-0034　東京都文京区湯島 1-3-4
　　　　TEL：03-5802-1859　　FAX：03-5802-1891

印刷所　株式会社シナノ

Printed in Japan　　ISBN978-4-931054-14-1